Reçu de Sylva le 5.4.2003

Reçu de Sylva le 5.4.2003

FASNACHT
VON A BIS Z

FASNACHT
VON A BIS Z

Fotos: Walter Sütterlin
Text: -minu

erlag basel ag

Herausgeber	B-Verlag basel ag, Doris Tschan
Fotos	Walter Sütterlin, 1985 bis 1994
Texte von A bis Z	-minu
Gestaltung und Satz	TSCHAN. AG für Werbung und Kommunikation, Basel
Fotolithos	Umschlag: Bufot GmbH, Reinach BL
	Inhalt: Reprodesign, Allschwil BL
Druck	Basler Zeitung, Basel
Buchbinder	Grollimund AG, Reinach BL

© 1994, B-Verlag basel ag, Basel
1. Auflage, Oktober 1994
Printed in Switzerland
ISBN 3-905127-02-4

Inhalt

Voorewägg	6	
Voorwoort	7	
Hinder dr Laarve	8–9	

A wie Anonyym	11–12	
Fotos	13–23	
B wie Blätzlibajass	25–26	
Fotos	27–35	
C wie Chaise	37–38	
Fotos	39–45	
D wie Drummler	47–48	
Fotos	49–61	
E wie Ei du scheene …	63–64	
Fotos	65–73	
F wie Familieziigli	75–76	
Fotos	77–85	
G wie Gugge	87–88	
Fotos	89–97	
H wie Helge	99–100	
Fotos	101–105	
I wie Individualischte	107–108	
Fotos	109–119	
K wie Kinder	121–122	
Fotos	123–131	
L wie Lampe	133–134	
Fotos	135–143	
M wie Moorgestraich	145–146	
Fotos	147–159	
N wie Nacht	161–162	
Fotos	163–171	

O wie Offiziell	173–174
Fotos	175–183
P wie Pfyffer	185–186
Fotos	187–199
Q wie Querschnitt	201–202
Fotos	203–209
R wie Requisit	211–212
Fotos	213–219
S wie Stäggeladäärne	221–222
Fotos	223–229
T wie Tambourmajor	231–232
Fotos	233–241
U wie Uusstellig	243–244
Fotos	245–253
V wie Voordraab	255–256
Fotos	257–267
W wie Wääge	269–270
Fotos	271–281
X wie X-beliebig	283–284
Fotos	285–293
Y wie Yystoo	295–296
Fotos	297–303
Z wie Zuschauer	305–306
Fotos	307–315
Hindedraa	317–318
Fasnachtszyt	319

Voorewägg

Wenn Walter Sütterlin fotografiert, entstehen nicht einfach Fotos, die der Dokumentation eines Ereignisses dienen. Nein, wenn Walter Sütterlin fotografiert, entstehen Bilder. Bilder, die die Situation als Komposition erfassen, die gegebene Bewegungen ganz natürlich miteinbeziehen und die die ironischen, tragischen, heiteren und komischen Momente des Lebens festhalten.

Und wenn man über mehr als 10 000 solcher Augenblicke von einem einzigen, einmaligen Anlass verfügt, wäre es einfach schade, diese archiviert und numeriert dem Staub der Jahre zu überlassen. Es lag folglich auf der Hand, dass daraus irgendwann ein Buch entstehen musste. Dass es dieses Buch wurde, drängte sich geradezu auf. Ergänzen doch -minu's Texte die Bilder meines Bruders Walter Sütterlin in idealer Weise. Jeder Abschnitt ist eine Miniatur eines Aspektes der Basler Fasnacht.

Während die in diesem Buch versammelten Bilder Walter Sütterlins das Resultat des Gespürs und Auges des fotografierenden Beobachters sind, entstammen -minu's Erfahrungen quasi aus der Mitte der Fasnacht. Als Binggis bei der Lälli der Frau Fasnacht auf den Schoss gesprungen, rutschte er erst wieder von ihrem Knie, als seine Journalistentätigkeit ein aktives Mitmachen nicht mehr zuliess.

Dagegen packte Frau Fasnacht den Zuschauer Walter Sütterlin regelrecht am Schopf und zwang ihn zu einer Professionalisierung seines Hobbys. Denn die ersten Bilder (1985) machte er noch ohne konkreten Auftrag, einfach nur für sich. Erst als ich die ersten «B wie Basel» herausgab, kam ich auf die Idee, seine Bilder zu publizieren. Daraus entstand eine langfristige und erfolgreiche Zusammenarbeit, in deren Verlauf er die «Drei scheenschte Dääg» mit über 1000 Bildern pro Jahrgang dokumentierte. Und mit diesem Buch halten Sie, geschätzte Leserin, geschätzter Leser, nun das Konzentrat der letzten zehn Fasnachten in Händen. Und wer weiss, vielleicht entdecken Sie sich hinter der einen oder sogar anderen Larve wieder.

Dangg

Ein herzliches Danggerscheen gilt allen, die in irgendeiner Weise zum Gelingen dieses Buches beigetragen haben. Ich danke meiner Familie, Patrick Tschan für seinen Text «Hinder dr Laarve» und allen Mitarbeitern der TSCHAN. AG für Werbung und Kommunikation. Bei Lukas Gloor bedanke ich mich für die Gestaltung des Buches sowie beim Lotteriefonds für die finanzielle Unterstützung.

In mein Danggerscheen beziehe ich ebenso die Basler Zeitung für Produktion und Buchvertrieb ein.

Basel im September 1994

Doris Tschan, B-Verlag basel ag

Voorwoort

Anfangen soll nun also «Fasnacht von A bis Z» mit C, nämlich mit einem Vorwort des Comité-Obmanns! Nun, ich nutze gerne die Möglichkeit, vor dem Buch das Hütchen zu ziehen (siehe C wie Comité):

Fasnachtsbücher gibt es unzählige: solche, die einfach mit ein paar «glungene Helge» die Fasnachtsambiance einzufangen suchen, und solche wie das vom Comité herausgegebene Standardwerk «Die Basler Fasnacht», die uns auch die Geschichte unseres beliebtesten Volksbrauchs näherbringen wollen.

Jeder Fasnächtler trägt wohl das ganze Jahr seine eigenen Fasnachtsbilder, seine subjektiven Impressionen in sich herum. Das hängt nicht nur davon ab, wie man selbst Fasnacht macht – ob als Aktiver in einer Clique, Gugge, auf einem Wagen, Gässler, oder als Zuschauer –, sondern auch das individuelle Empfinden und das ganz persönliche Gestalten der Fasnacht trägt wesentlich zur ihrer Lebendigkeit und Kreativität bei. Und besonders vom Comité aus will ich betonen, dass wir uns nicht als die Gralshüter der Fasnacht sehen. Dazu ist unsere Fasnacht zu vielschichtig. Sie lebt von der Subjektivität und dem Wandel, der nichts anderes als ein Spiegelbild der gesellschaftlichen Veränderungen ist. Gerade darum ist es auch immer wieder interessant, Fasnachtsbilder im Rückblick zu betrachten und den Wandel – heute würde man sagen neue Trends – zu erkennen.

Mit «Fasnacht von A bis Z» ist ein Fasnachtsbuch entstanden, in dem nicht nur die Helgen, sondern auch der süffige Text jeden Fasnächtler ansprechen und in seine individuelle Fasnachts-Bilder-Welt (ver)führen werden.

Dann gibt es auch noch die informativen Fasnachtsbücher. Das Aufzeichnen der geschichtlichen Entwicklung ist nun aber meist eine etwas trockene Materie, Bilder betrachten ist bequemer und führt eher in den persönlichen Fasnachtshimmel. Doch manchmal würde ich mir als Comité-Obmann wünschen, dass heisse Diskussionen über die «wahren Traditionen» der Basler Fasnacht, wie sie von sogenannten «Berufsfasnächtlern» geführt werden, durch etwas mehr «Fasnachts-Geschichtskenntnisse» versachlicht würden. Dieses Buch gibt nun Gelegenheit dazu: -minu ist es gelungen, viel Wissenswertes rund um die Fasnacht auf witzige und fasnächtlich-ironische Art zu vermitteln, ohne dass je «geschichtliche Trockenheit» aufkäme. Das ist auch im Sinne des Comités, das zwar oft (aber zu Unrecht) als vertrockneter Männerclub verschrien wird, das manchmal wohl oder übel etwas trockene Organisationshinweise geben muss (Kunststück, bei über 15 000 Aktiven am Cortège), aber auch in Zukunft ein sicherer Sujetlieferant bleiben wird.

Aber lassen wir uns durch das Betrachten von Fasnachtshelgen in Stimmung versetzen und ganz einfach auf unsere persönliche Fasnachtswolke hinaufblasen. Das vorliegende Buch «Fasnacht von A bis Z» gibt dazu den nötigen Aufwind.

Ruedi Meyer, Obmaa vom Fasnachts-Comité

Hinder dr Laarve

Die Clique steht. Eingebettet in einen Pulk von gleichen Larven, gleichen Kostümen, sich nur durch den angesteckten Giggernillis von den anderen unterscheidend. Versunken und pulverisiert in der Anonymität. So ist's, mitten im Zug. So ist es jede Fasnacht.

Während man die Zehen mit kleinen Bewegungen warm hält, schiebt sich im Augenwinkel der Larve ein bekanntes Gesicht ins Blickfeld. «Ist sie's, die Fasnachtsliebe von damals?» Sie ist's, die unwissend am Strassenrand steht und den Cortège verfolgt. Man könnte jetzt hingehen, ihr einen Kuss auf die Wange drücken und leise sagen: «Es war wunderbar damals», sich unerkannt davonmachen und wieder untergehen in der Verwechselbarkeit der Clique.

Ein Rätsel – «Wer war das?» – hätte man zurückgelassen, ein Rätsel – «Hat sie mich erkannt?» – hätte man mitgenommen. Erinnerungen wären hochgestiegen, das «damals» hätte sich gemeldet. Damals, ungebunden und frei, den «Naarebaschi» mit -zig anderen frischverliebten Fasnachtspaaren auf der Pfalz gepfiffen, unermüdlich durch die Stadt gezogen, den Tag zur Nacht und die Nacht zum Tag gemacht. Damals, das war eine von unzähligen Fasnachten, die heute bereits ein wehmütiges Räppli von gestern sind. So wie jede verflossene Fasnacht ihren Zeedel mit Erinnerungswürdigem hinterlässt. Mehr nicht.

Aber so ist die Fasnacht. Sie spült in ihrem dreitägigen Wahn die Menschen aufeinander zu und aneinander vorbei. Wie Wasser, Tropfen für Tropfen – und alle sind gleich. Sogar die gleichen sind ein bisschen gleicher.

Und manche Menschen bleiben aneinander hängen. Für Momente, ein paar Augenblicke mehr, vielleicht für länger. Zusammengetroffen unter der angespannten Musikalität von Trommeln und Pfeifen. Mit erstem, zweitem und dem wahren Gesicht. Das vielleicht den nachfasnächtlichen Erwartungen gar nicht gerecht werden kann. Doch damit muss rechnen, wer sich unter die Röcke der Frau Fasnacht wagt.

Die Clique bewegt sich weiter. Man steckt immer noch mittendrin, und man wagte es nicht, dem verflossenen Fasnachtsflirt den Kuss auf die Wange zu drücken. Vielleicht besser so. Die Fasnacht sollte keine Brandmale hinterlassen.

«Whisky Soda» ist an der Reihe. Der Marsch sitzt, das Wechselspiel mit den Trommeln hat die richtige Punktion, die geforderte Dynamik. Das Ich hebt langsam ab, die müden Beine tun das Ihre dazu, die Trance beginnt. Augenblicke, in denen Zeit und Raum flüchtig gehen. Augenblicke, in denen man mit Zeit und Raum flüchtig geht. Es gibt kein Vor-, kein Nachher, kein Da, kein Dort. Nur hier und jetzt. Danach wird man süchtig. Für die Seifenblase der Wiederholung lohnt es sich, 362 oder 363 Tage auszuharren.

Genau so wie für die Szenen, in denen man sich alleine auf der Fasnachtsbühne bewegt, in denen man die Gründe findet, sich einzureden, dass man tatsächlich existiert. Einsam in einem verwinkelten Gässchen der Altstadt, zwischen versprayten und überrestaurierten Mauern, formuliert das Piccolo Munchs «Schrei» oder Picassos «Arléquin». Je nach dem Befinden hinter der Larve.

Oder man phrasiert das Staunen des Kindes beim Blick durchs Kaleidoskop oder einfach die Freude des Pfyffers über den gelungenen Ton. Man nimmt sich, nur sich wahr. Euphorie klingt in einem hoch, Selbstbewusstsein, potenziert durch die Anonymität, dominiert. Aus Masse wird Individualität, wird Individuum, wird Ich. Wird Leben. Wird Tod. Einen Flügelschlag lang. Mehr nicht.

Der Zug bleibt stehen. Der «Whisky Soda» ist ausgeleert. Hat ein paar Räppli zusammengeklebt.

Als es heute morgen vier Uhr schlug, die Trommeln die Nacht aufschreckten, fragte man sich: «Was wird sie bringen, die diesjährige Fasnacht?» Ein Treiben, ein Untersteuern der Gefühle, ein Übersteuern des Redeflusses, ein Innehalten der Gedanken. Wer sich dagegenstellt, den fegt sie mit dem Reisbesen in die Regenrinnen, wo er ohne Mitleid weggespült wird. Warum Mitleid haben, er hat die Fasnacht eh nicht verstanden, hat nie das Zwiegespräch bei einer Flasche Rotem mit der alten Dame gesucht. Hat nicht gemerkt, dass man von ihr nicht eingeladen wird, dass man sich selber einladen muss.

Die Frage erübrigt sich. Es kommt, wie's kommt. Wie's kommen muss. Verzaubert, poetisch, melancholisch. Im Gewand der Fasnacht. Für drei Tage. Mehr nicht.

A wie Anonyym

Anonyym und «Gäll de kennsch my nit!» – das waren die Devisen an der Fasnacht. Zumindest noch bis knapp nach den Kriegsjahren. Die Masken – sei's an den Bällen, sei's während der Strassenfasnacht – haben sich total vermummt. Alles war cachiert. Und man machte sich seinen Spass daraus, als anonyme Figur die Leute an der Nase herumzuführen. Heute hat sich die Mentalität etwas verändert. Zwar herrscht noch immer überall das Schlagwort «anonym». Aber es bleibt beim Wort. Längst weiss jeder, welcher Kopf unter welcher Larve steckt … welcher Maler welche Züge entworfen hat … welche Clique welchen Gag inszeniert. Während früher in unserer Stadt die Leute einander kannten, versuchte man zumindest an der Fasnacht anonym zu bleiben. Heute findet die Anonymität unter dem Jahr statt – aber an der Fasnacht ist die Versuchung oft gross, sich ins Rampenlicht oder Lampenlicht zu stellen …

Alte – (dit: die Alte) auch berühmter, nicht enden wollender Trommel- und Pfeifermarsch («die Alten Schweizer Märsche»), der zum Standard-Repertoire der Cliquen und Gruppen gehört.

Aeschlemer – Aeschlemer, Arabi, Gluggsi. Dies sind die drei ersten Pfeifermärsche, die meistens zu der allerersten Fasnacht der zukünftigen Pfyfferprimadonnen gehören. Wird jedoch schon bald aus dem Repertoire gestrichen. Aafängerzyygs.

Alte – eigentlich: «Alte Garde». Sie sind das «Stöckli» der Fasnächtler. Und meistens viel gemütlicher als der ehrgeizige Stammverein. Die «alten Garden» haben insbesondere in den letzten fünf Jahren immer wieder mit ausserordentlich guten Zeedeln, skurrilen Laternen und viel Witz brilliert. Die Fasnacht in der «alten Garde» ist derjenigen bei den «Jungen» nicht unähnlich – sie wird wieder spontan. Unkompliziert. Und bringt die kindliche unbelastete Freude zurück …

Alti Dante – sie ist die Fasnachtsfigur schlechthin: mit schnellem, spitzem Mundwerk. Mit ausgepolstertem fauxcul. Und mit einem Ryydigyll, einem kleinen Stoffsäckchen, in dem sie Bonbons (Fischminz), aber auch kleine Requisiten, die sie beim Intrigieren verwendet, mit sich trägt. In jeder Basler Familie intrigiert irgendwo eine alte Tante. Sei's an der Fasnacht. Oder sei's während der übrigen 362 Tage. Denn es ist ein Irrtum zu glauben, Alti Dante kämen nur an der Fasnacht vor …

Aagfrässe – bedeutet so viel wie «total in etwas vernarrt sein». Zumeist in die Fasnacht. Oder ins Trommeln und Pfeifen. Es gibt aber auch «aagfrässeni Wäägeler», «aagfrässeni Guggemuusiger», «aagfrässeni Voordrääbler». Der Zustand beschränkt sich nicht nur auf die drei Fasnachtstage. «Aagfrässe» ist man in Basel nonstop (gilt auch für andere Kultur-Ebenen: Ballett, Theater, Malerei, Sport …)

Altfrangg – Fasnachtsfigur (Mischung aus Stänzler und französischem Militärmusikant). Aber auch berühmter Pfeifermarsch mit fingerbrecherischem Schwierigkeitsgrad.

Ammedyysli – werden fälschlicherweise oft die Handschuhe genannt, welche die Pfeiferfinger an eisigen Moorgestraich-Momenten warm halten sollen. Richtig sollten sie «Pfyfferhändsche» heissen. Ammedyysli nennt man die Stulpen oder Pulswärmer, welche die Fischfrauen im Winter über die Handgelenke ziehen.

Ändstraich – hat seit ein paar Jahren die früheren «Massgebäll» abgelöst. Am Fasnachts-Samstag trifft sich «tout Bâle de Carneval» zum Schlusstanz und zur Maskenprämierung im Kongresszentrum der Messe Basel. Der Anlass mit einigen tausend Masken und Gästen findet unter dem Patronat des Fasnachtscomités statt. Und wird immer bunter, fröhlicher, beliebter. Die Helfer, welche die wunderschönen Lampen-Décors auf die Beine stellen, rekrutieren sich meistens aus Wagencliquen …

A *wie* Anonyym

Anonyym oder «Hinder dr Laarve ...» Anonymität ist leider nicht mehr ganz selbstverständlich an der Fasnacht. So hat eine Gugge als Mahnung an ihre Mitglieder gleich selbst zum Sujet «Bym Halte – Larve aabhalte ...» gewählt. Durch die in den letzten Jahren eher warmen Fasnachten sind nun auch die obligatorischen Handschuhe, die der Anonymität dienen, immer mehr ins Hintertreffen geraten. Am Fasnachtsdienstag 1986, Punkt 15.00 Uhr, setzte der intensivste Schneefall ein, den man je an einer Basler Fasnacht erlebte. Anonym wurden nun auch Passanten und Zuschauer, sie verbargen sich hinter Plastik und Schirmen. Schneebericht vom Marktplatz: Dienstag, 18. Februar 1986: 15 cm Pulver, gut.

B wie Blätzlibajass

Blätzlibajass – die Figur mit den vielen ziegelförmigen Stoff- oder Filzblätzli taucht in der oberrheinischen Fasnacht immer wieder auf. Der Ursprung des Bajass liegt in der Commedia dell'arte – und zwar in der Figur des grobschlächtigeren Pulcinella (als Gegenspieler des «feineren» Arlecchino). Im Gegensatz zum Pulcinella, der eine lange Bluse und weite Hosen trägt, werden dem «Bajass» in unseren Regionen Hunderte von Blätzli aufgenäht. Diese wiederum – so sagen Volkskundler – würden auf den Rhein und die Fische (Schuppen!) hinweisen. Tatsache ist, dass in frühen Jahren eine Basler Braut durch die gute Küche, mit der sie den Zukünftigen verwöhnte, ihren Liebesbeweis erbrachte. Heute? – Magerjoghurt. Dafür schneidert sie ihm einen Blätzlibajass ...

Blaggedde – wird vom Comité seit 1911 herausgegeben. Auflage: unbekannt. Früher ist die Blaggedde-Ussgoob stets mit dem Vogel Gryff zusammengefallen. Heute findet der Verkauf aus merkantilen Gründen meistens schon vor dem Kleinbasler Ehrentag statt. Die erste Blaggede von 1911 war d Noodle und die Rundi von Wilhelm Dollinger. Die Silberne wurde bis 1920 nur an Comité-Mitglieder und an Ordnungsfunktionäre abgegeben.

Binggis – die allerkleinsten aktiven Fasnächtler. Sie sind mit ihren viel zu grossen Larven stets ein rührendes Bild, wenn sie an den beiden Nachmittagen die Route abmarschieren. Die Fasnachtsseligkeit ist bei Binggis mindestens so gross wie beim Stammverein – und später wünschte man sich die Unbeschwertheit und das Fieber der Binggisjahre zurück. *Bref:* Binggis sein ist etwas Gigantisches ...

Bebbi – Synonym für den Berufsbasler schlechthin. Weibliche Form: Bebbene. Diminutiv: Bebbeli. Auch in der übrigen Schweiz für «Basler» geläufig.

Buebeziigli – nur noch wenige Cliquen basieren auf dem «Buebeziigli». Heute sucht man den Nachwuchs (insbesondere bei den Pfeifern) unter den Maitli. Während es bis nach dem Krieg verpönt war, als Frau an der Strassenfasnacht aktiv mitzumachen, halten sich Fasnächtler und Fasnächtlerinnen heute die Waage. Nur bei einigen wenigen Stammvereinen hält das Buebeziigli-Denken noch bis in den Stamm an ...

Brysdrummle, -pfyffe – Treffpunkt der Pfeiferprimadonnen und Trommelhunde um Medaillen. Die Anforderungen im musikalischen Bereich sowie der Ehrgeiz der Teilnehmer sind in den letzten 20 Jahren enorm gestiegen. Der Anlass hat sicher auch dazu beigetragen, dass die Basler Fasnacht heute bei den Tambouren und Pfeifern zumeist hochstehende musikalische Wege geht. Durch das gestiegene Niveau am Brysdrummle, -pfyffe hat sich der musikalische Level der Basler Fasnacht in den beiden letzten Jahrzehnten enorm steigern können. George Gruntz sieht es so: «Es gibt keine andere Stadt auf der Welt mit einer so grossen Anzahl hervorragender Trommler und Pfeifer ...»

Beggli – jede Clique hat ihr Beggli. Im doppelten Sinne. Das Drummelbeggli, ein schräg abfallendes Holzgestell mit rundem Gummi-Milieu, ersetzt zu Übungszwecken die Trommel. Das andere Beggli ersetzt den Ehemann ...

Bepperle – heisst die Trommeltechnik, einen Marsch einfach mal so dem Gehör nach provisorisch mitzuklopfen. «Bepperled» wird zumeist bei neu gelernten Märschen, wenn man die Verse noch nicht ganz intus hat. Pendant bei den Pfeifern: lüftele ...

Bummel – drei Sonntage lang wird nach dem Moorgestraich «gebummelt». Die Clique organisiert einen lustigen Sonntag mit Schnitzelbängg und Gässle. Höhepunkt ist dann abends die Parade an der Freien Strasse.
Merke: Bummelhütlein ... Bummelkäppli ... Bummelshawls ... Bummelbecher ... Bummelditti ... Bummelpins – all dies ist *nicht* Tradition.
PS: Es gibt für aktive Zuschauer nichts Ernüchterndes, als die Clique beim Bummeln zu sehen, wenn das Geheimnisvolle der Maske einem gewöhnlichen «Bebbigrind» Platz gemacht hat ...

B *wie*
Blätzlibajass

Blätzli in der Chaise, Blätzli in der Clique, Blätzli als Ainzelmassge, Blätzli als Ziegel, Blätzli als Wyybäärtli, Blätzli am Ärmel, wo immer … Blätzli sind etwas Besonderes! 1800 Blätzli braucht es bei einem Erwachsenen und etwa 1200 Blätzli bei grösseren Kindern für einen Blätzlibajass. Die Blätzli sollten ziegelartig von unten nach oben, möglichst auf einen Overall, genäht werden. Bessere Filzqualität lohnt sich, und eine unterschiedliche Anzahl Blätzli von jeder Farbe geben dem Kostüm die persönliche Note. Zwei spezielle «Blätzli» am Rhein, einmal am sonnigen Dienstagnachmittag 1987 und einmal während der Schneefasnacht 1986.

B 28

C wie Chaise

Chaise – so heisst man das Kütschlein, das am Montag und am Mittwoch durch die Route kurvt. Chaisen waren in den 70er Jahren am Aussterben. Und erleben insbesondere in den letzten zehn Jahren wieder eine Hausse. D Chaise ist zweifellos die «vornehmste» Art, Fasnacht zu machen. Die Insassen des Kütschleins bestechen zumeist durch wunderschöne Kostüme. Sie verteilen Mimosen, Anemonen, Rosen – dazu dann auch allerlei Giggernillis, den sie oft selbst gebastelt haben. Müsste man es farblich beschreiben, wären die Chaisen die Pastelltöne der Fasnachtspalette …

Clique – sie ist das Herz der Fasnacht. Ohne Clique läuft gar nichts. Und unter dem Sammelbegriff Clique versteht man sowohl den einzelnen Tambour, der da auf Wolken schwebt, wie auch den riesigen Harst eines Stammvereins, der beim Comité vorbei jubiliert. Die Basler Cliquen haben einen interessanten sozialen Aspekt: nirgendwo wird die Integration besser praktiziert als hier. Egal, ob da einer als Bankdirektor antrommelt oder als Chemiearbeiter pfeift – in der Clique fallen alle sozialen Schranken. Und man ist nur Mensch, nur Fasnächtler. Cliquen sind wie Familien – sie geben einem das Gefühl von Zusammengehörigkeit. Und wie in jeder Familie gibt's auch hier die schwarzen Schafe. Und den traditionellen Krach.

Cliquenkrach – Bei Cliquensitzungen kann es manchmal auch heiss zugehen. Da fliegen die Fetzen. Es werden Rufe nach einem neuen Obmaa, oder einem andern Laternenmaler laut. Und meistens funkt's dann: Cliquenkrach! Von solchen Zellspaltungen lebt die Basler Fasnacht. Es ist nämlich nicht der Storch oder Frau Fasnacht, welche die neuen Cliquen auf die Welt bringt. Sondern der Cliquenkrach, die Gruppenspaltung. Man trifft sich an einem Stammtisch. Beschliesst neue Wege zu gehen und andere Töne zu pfeifen – et voilà: so kommt's dann auch, dass das Comité immer eine Woche vor der Fasnacht mit stolzgeschwellter Brust mitteilen kann: «Und wieder ist die Zahl der Einheiten um ein Beachtliches auf über ein halbes Tausend gestiegen …»

Cliquenkeller – sind ein Basler Unikum. Und von den Wirten nicht gerne gesehen. Tatsächlich findet das Basler Cliquenwesen im Untergrund statt – in weit über 100 oft wunderprächtigen Cliquenkellern. Beim traditionellen alljährlichen «Kellerabstieg» kann man die meisten von ihnen einmal besuchen – und die verschiedenen Cliquen-Spezialitäten oder Rebenköstlichkeiten (natürlich mit dem cliqueneigenen Etikett!) kosten. *Nicht zu verpassen!*
PS: Ein Kränzlein gehört all den Cliquenwirten, welche diese Keller zumeist ehrenamtlich und immer super führen.

Cliquen-Stoff-Zeit – Kaum dass die ersten Ausverkaufs-Preise die Hyänen an die Extra-Ständer locken, wenn Korsetts zu Schleuderpreisen knallen, erscheint der Cliquen-Künstler mit der Näherin in der Stoffabteilung. Er wühlt zwischen den verschiedenen Tüchern und Ballen, zupft einen Fetzen heraus, strahlt: «Persee – das ist es. Den nehmen wir!»

Comité – das lustige Hütchenspiel.

Charivari – leider kommt das eigentliche «Charivari» immer mehr in den Hintergrund. Früher hat man darunter ein bunt zusammengewürfeltes Gosdyym verstanden. Unsere Grossväter haben sich noch aus der alten Kleiderkiste der Urgrossmütter bedient. Haben aus alten Jupes, verlotterten Blusen, verbeulten Tschäppern und fadenscheinigen Mantillen ein Charivari zusammengestellt. Das Ganze sah jeweils grossartig aus. Oft wurden «Charivari» auch aus diversen Zugs-Kostümen zusammengeschustert – heute jedoch versteht man unter dem Charivari die klassischen Kostüme von «Alti Dante, Blätzlibajass, Waggis, Dummpeeter, Harlekin» … Eigentlich schade – denn die Kreativität wird so gebremst.

Charivari im Glaibasel – ist die Vorfasnachts-Veranstaltung, die vor zwei Jahrzehnten als «Gegengewicht» zum Grossbasler Monstre von Baschi und Armin Faes auf die Beine gestellt worden ist. Das Charivari hat sein Schwergewicht jeweils auf Instrumentalnummern gelegt – und punkto Fasnachtsmusik neue Marksteine gesetzt …

C *wie*
Chaise

Die Chaisen, oder auch Schääsen genannt, haben am Cortège laufend zugenommen. So waren es 1970 9, 1985 21 und im Berichtjahr 1994 32 Chaisen. Mehrheitlich stehen die Kutschen und Landauer während des Jahres auf Landschäftler Boden und werden unter anderem als Hochzeitskutschen benutzt. In den Chaisen fahren eher ältere Fasnächtler. Jüngere können sich die nicht ganz billigen Kutschen meistens gar nicht leisten. Es wird auch viel selbstgemacht. Angefangen bei den Kostümen bis zum Bemalen der Speichenräder. Mit viel Liebe zum Detail wird die Chaise fasnächtlich ausgestattet, um dann in voller Pracht am Montag und Mittwoch am Cortège zu brillieren.

D wie Drummler

Drummler – man sagt, die Basler kämen mit Trommeln zur Welt. Und tatsächlich liegt dem Bebbi der Fünferruf, d Mamme-Babbe-Schläge, d Dupfe und d Daagwach im Blut. Ein besonderer Drummler war dr Ruesser, vor einigen Jahrzehnten, eine berühmte, schillernde Fasnachtsfigur, eine lebende Legende. Keiner konnte ruessen wie er. So ein Stück Fasnachtswelt, wie sie Frau Fasnacht auch heute noch unter den Trommelkönigen hervorzaubert.

Drummle – die Silberkübel sind *das* Basler Fasnachtsinstrument schlechthin. Vor dem Krieg wurde vorwiegend auf gespannten Kalbsfellen getrommelt. Dies bedeutete, dass bei den ersten Regentropfen ein Trommelhalt eingeschaltet wurde. Und die Felle mit Plastik geschützt werden mussten. Es gab Cliquen, die sich an solchen Regentagen auch Tabourettli anschnallten. Und so durch die Gassen ruessten. Noch heute kommt es vor, dass ein Trommelfell einen «Schlänz» bekommt. Für solche Fälle führt d Clique an der Fasnacht immer eine Ersatz-Trommel mit sich ... Mit den neuen Plastikfellen jedoch kann man heute auch drauflosruessen, wenn's Katzen hagelt. Allerdings behaupten Kenner, im Ton einen Unterschied zum Kalbsfell heraushören zu können ...

Drummelhund – einer, der trommelt. Und trommelt. Und trommelt. Sein einziger Lebensinhalt ist das «Ruesse». Aus dem Trommelhund wird dann oft der Trommelkönig.

Drummelkeenig – er wird am offiziellen Brysdrummle ausgerufen. Und trägt ein Jahr lang die «Krone», bis er wieder neu herausgefordert wird. Kenner behaupten, dass es bis in zehn Jahren auch bei den «Alten» Drummelkeeniginne geben werde. Einmal ist dies bei den «Jungen» schon vorgekommen ...

Drummeli – das Monstre-Trommel- und Piccolokonzert, welches die Stammvereine 14 Tage vor der Fasnacht im Küchlin-Theater und seit 1992 in der Muba im grossen Festsaal über die Bühne rollen lassen. In den letzten Jahren haben hier ganz speziell die Cliquen Sensationelles geboten ...

«Du» – es ist ein alter Brauch, dass man sich an der Fasnacht duzt. Damit fallen die gesellschaftlichen Schranken. Und für drei Tage gibt's keinen Herrn Professor. Und keine Frau Direktor. Die Frage ist, wie geht man mit dem «Du» nach den drei heiligen Tagen um? Die meisten behalten es bei – und verwehrt sich ein Snob dagegen, kann man bis zum nächsten Moorgestraich warten. Und ihn dann «du Tschumpel» betiteln ...

Diirliväärs – die Seitentürchen der Laternen sind bei den Cliquen speziell beliebt. Hier werden «Interna» in bissige Zweizeiler verpackt. Und hier erfährt man am meisten über die kleinen Cliquen-Querelen. Psychologen können an den Diirliväärs die seelische Verfassung eines Cliquenzugs analysieren ...

Dääfeli – sind für die Binggis an der Fasnacht das Wichtigste. Und werden insbesondere von den Vorträblern und Wagenwaggis an die Kleinen verteilt. Allerdings ist heute die Unsitte eingekehrt, dass sich die Dääfeli-Palette bis zu Werbeprodukten wie Suppenwürfel, Silberputzmittel, Shampoo und Apfelessig ausgedehnt hat ...
PS: Dääfeli sind übrigens auch grossartig für den Tuba-Ansatz des Guggemuusigers ...

Düpfi – junges Pendant zur Alte Dante. Aber aufgepasst – unter der Larve ersterer verbirgt sich oft letztere ...

Dummpeeter – kommt eigentlich von «Trompeter». Beliebte Fasnachtsfigur mit leicht verträumtem Gesicht, Stupsnase, Mozartzopf und (was man leider nur selten sieht) einer goldenen Trompete, die sie umgebunden hält ...

Demassgyyrig – um zwölf Uhr nachts will's der Brauch, dass die Masken, die da intrigieren oder tanzen, ihr Geheimnis lüften. Und die Larve abnehmen. Einige verschwinden auf geheimnisvolle Weise fünf Minuten vor der Demaskierung – und erwarten ihr Opfer dann grinsend daheim im Ehebett ...

D *wie*
Drummler

Auch Drummlerinnen hat es im privaten Kreis schon immer gegeben. Ende der 20er Jahre gründete Fritz Robert Berger (Frutz), den Baslern als Trommelprofessor und Herausgeber der Monographie «Das Basler Trommeln» bestens bekannt, die «Alti Richtig». Diese Clique war die erste, die dann auch offiziell Trommelstunden für Mädchen und Damen im Sevogelschulhaus anbot. Heute kann man bereits einige Trommlerinnen am Cortège entdecken. Vor allem in den Jungen Garden hat es immer mehr Mädchen, die die Drummle dem Piccolo vorziehen. Die Basler Trommel, auch Kiibel genannt, besteht aus einem messingenen oder neusilbernen, zylinderförmigen Kessel, mit Fell oder wetterfestem Plastik bespannt. Beliebt sind auch Holz- und Nachbildungen historischer Trommeln. Die abgebildeten roten Kiibel bedeuten diesmal nicht «Clique vom Land», sondern sind Teil vom roten Sujet, das bis zur Trommel durchgezogen wurde. Landschäftler Cliquen ruessen auf Trommeln mit rotweissem Reif.

E *wie* Ei du scheene...

Ei du scheene... – den Refrain «ei du scheene, ei du scheene, ei du scheene Schnitzelbangg» kennt die ganze Schweiz. Tatsächlich sind d Schnitzelbängg das beliebteste Basler Fasnachts-Happening bei den übrigen Eidgenossen. Entsprechend wird auch bei der traditionellen «Querschnitt»-Sendung des Schweizer Fernsehens (sie wird immer am Sonntag nach dem Moorgestraich ausgestrahlt) das Schwergewicht stets auf die Schnitzelbängg gelegt. Doch gerade diese Sendung und der heissflammende Wunsch der Bänggler, im Fernsehen zu erscheinen, verlockt zu «schweizerischen, TV-spektakulären Themen». Die baslerischen Sujets treten in den Hintergrund – und dieser Trend macht sich leider je länger, je mehr an der ganzen Fasnacht bemerkbar. D Schnitzelbängler gruppieren sich in einer der drei «Bangg-Gesellschaften». Seit einiger Zeit jedoch singen viele junge Bängg wild. Und ziehen von Cliquenkeller zu Cliquenkeller – oder ganz einfach in die Baizen, in denen sie sich wohl fühlen. Wer Bängg geniessen will, kann dies bei einem Nachtessen in einem dieser Restaurants tun, wo die Bänggler offiziell auftreten. – Super-Ambiente herrscht aber auch immer im Fauteuil oder im Theater. Und am allerprächtigsten funkeln die Pointen am Schlussoobe, wenn das Comité jeweils die jubilierenden Bänggler mit pointierten Moritaten ehrt ...

Einzelmassge – sieht man leider viel zu wenig. Luzern ist hier der Basler Fasnacht einige Takte voraus. Wer einmal an einer Fasnacht als skurrile Einzelmassge herumgeistern möchte, soll eine Woche vorher nach Luzern reisen. Und dort Inspirationen tanken. Diese Art von schräger, individuell-versponnener Fasnachtsnarrerei würde den drei Basler Tagen wunderherrlich anstehen ...
PS: Es explodieren allerdings auch bei uns immer wieder grossartig-schräge Happenings von Einzelgängern. Aber es dürften eigentlich mehr sein ...

Eidgenössisch – eigentlich: das Eidgenössische Tambourenfest und Helvetisches Preistrommeln und Preispfeifen. Hier geht's um Kränze. Und hier tritt die ganze Schweiz zum Trommel- und Piccolokampf an. Für uns Bebbi ist dann jeweils ziemlich ernüchternd, wenn wir feststellen müssen, dass wir nicht alleine die grossen Tambouren dieser trommelnden Schweizerwelt sind. Und dass uns da die andern oft gar davonruessen. Oder die Ränge wegpfeifen ...

Ehrezaiche – viele Bebbi glauben, die drei «E» hätten mit der Fasnacht zu tun. Nein. Haben die Kleinbasler Ehrenzeichen überhaupt nicht. Zwar wird auch hier getrommelt und gepfiffen – und abends, am grössten Kleinbasler Ehrentag, ziehen d Olymper mit ihren goldenen Kübeln durch die Gassen der mindern Stadt. Aber während der Tagesablauf des Vogel Gryff, der seit Jahrhunderten bis zum letzten Tanzschritt traditionell festgelegt ist, in seiner Form kaum einen Takt vom Althergebrachten abweicht, hat sich die Fasnacht immer wieder verändert. Und spiegelt in ihren drei Tagen die heutige Zeit wider. Kleines Beispiel: an der Fasnacht finden die Frauen statt. Bei den drei «E» nur als Service am Gryffemeeli ...

Eschtrigg – in den meisten Basler Familien gab es irgendwo auf dem Estrich einen Kasten. Es war ein ganz besonderer Kasten, einer, der mit alten Fasnachtskostümen vollbehängt war. Manchmal verstaute man die Filzhosen, Taftröcke, Foulards und all den Giggernillis von Frau Fasnacht auch im Estrich in einer Kiste – in der Kostümkiste. Nur – den Fasnachtsestrich gibt's leider kaum mehr. Die modernen Architekten bauen Dachwohnungen. Mit flachen Dachterrassen. Und damit ist der Estrich mit der Fasnachtskiste gestorben ...

Exgyysi – eines der meistgebrauchten Fasnachtswörter, vor allem beim Platzmachen. Heisst auch Entschuldigung, Vorwand, Ausrede, mes excuses!

E *wie*
Ei du scheene ...

Seit über 150 Jahren werden an der Basler Fasnacht Schnitzelbängg gesungen. Eine erste Schnitzelbangg-Zeitung gab es um die Jahrhundertwende. Die Schnitzelbangg-Gesellschaften: Comité, BSG (Basler Schnitzelbangg-Gesellschaft), und VSG (Verainigty Schnitzelbangg-Gesellschaft), künden ihr Singen im Restaurant mit einem vor Ort ausgehängten Plakätli an: Do ane kemme d Schnitzelbängg ... Die Comité-Schnitzelbängg haben seit 1922 eine eigene Blaggedde. Die ersten beiden Schnitzelbangg-Blaggedde entwarf Burkhard Mangold, die weiteren bis 1982 Niggi Stoecklin. 1989 sangen die Schnitzelbänggler zum ersten Mal auf der Freilichtbühne am Barfüsserplatz. Das bereits legendäre Stachelbeeri, in seinem 30. und letzten Schnitzelbanggjahr, anlässlich seines erfolgreichen Auftritts am Mimösli 1994 im Häbse-Theater im Kleinbasel. Schnitzelbänggler singen auch an Vorfasnachtsveranstaltungen und am Vogel Gryff.

E 70

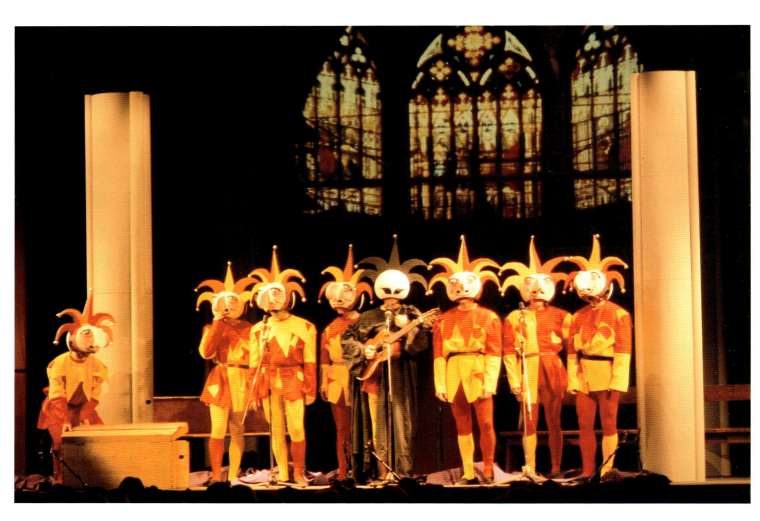

F wie Familieziigli

Familieziigli – man trifft sie speziell am Zyschtig. Und immer haben sie etwas Rührendes, Zartes. Da kämpft sich die Mutter im Alleingang durch die Hambacher. Ihre drei Gnäggis sind an einer Leine angebunden – und an ihrem Bauchgürtel befestigt. Selig taumeln die Dreikäsehoch in ihren Waggislarven durch die Gasse. Sehen aber nichts, weil die Larven zu gross und der Augenloch-Abstand zu weit ist. So fallen sie mitunter hin. Rappeln sich hoch. Und der Vater brüllt hinten über seinem Kübel, auf den er in stolzem Glück losdrescht: «d Arabi!»
Familieziigli haben etwas Allerliebstes. Sie zeigen uns, dass Fasnacht nicht einfach aufhört, dass es weitergeht – dass der Vater und die Mutter das Fasnachtsgefühl auf die Binggis übertragen. Weitergeben. Eintrommeln. Abends pennen die Kleinen dann in ihren Leiterkääreli. Haben ein leises Lächeln auf den Lippen. Und träumen den Traum, wie sie als grosse Tambouren und Pfeifer durch die Gassen ziehen …

Fraue – ein ureigenes Fasnachtskapitel. Bis vor rund 35 Jahren hatten die Frauen an der Fasnacht nichts zu suchen. Ihnen war der Maskenball zugewiesen – Strassenfasnacht war Männersache. Und auch da nicht für jedermann. Frauen wie Fetschy La Roche, Ruth Eidenbenz und Madame Metro waren Pionierinnen. Und lernten im geheimen trommeln. An ihrer ersten aktiven Fasnacht wagten sie nicht, die Larve runterzunehmen. Dennoch hat sich so ganz langsam der Frauenzug in Bewegung gesetzt – man gründete etwa die Junte der Alte Richtig, wo die Frauen trommeln konnten. Und die Stammvereine gaben in den 60er und 70er Jahren Grünlicht für «weibliche Ableger» wie «Harem», «Wybli», «Gluggere» etc. Heute sind Frauen nicht mehr aus dem Fasnachtsbild wegzudenken. Männerspezifische Stammvereine sind selten, gar ein Unikum geworden – Fasnacht heisst: gemeinsam den Weg finden …

Fasnächtler – schwer zu definieren. Jeder versteht etwas anderes darunter. Und jeder sieht den Begriff «Fasnacht» auf seine Art. Entsprechend hört man immer wieder: «Dasch kai Fasnacht …, das sinn kaini Fasnächtler …» Was aber ist Fasnacht? Vor 100 Jahren war's auch in Basel noch Prinz Karneval. Im letzten Jahr das bengalische Feuerwerk der Kuttlebutzer. Einmal ist's der «Füürwehrball» bei der Schwingi im Adler – und morgen das gespenstische «Ladäärnli-Verbrenne» der BMG. Fasnacht hat viele Gesichter. Viele Definitionen. Nur eines sollte Fasnacht immer sein: tolerant.

Fieber – das Fasnachtsfieber hat noch keiner richtig messen können. Als Kind leidet man – wie auch an Wilden Blattern oder Blauem Husten – am häufigsten daran. Dann sind diese Fieberschübe auch exzessiv. Kaum zu kontrollieren. Sie beginnen meistens mit den Vorarbeiten für den Cliquenzug – beim Larvenmachen. Oder allerspätestens an der ersten Marschübung. Im Alter wird das Fasnachtsfieber seltener. Es kühlt ab, wie eine ausgeschaltete Herdplatte. Und bricht oft nur noch am Sonntag vor dem Moorgestraich oder dann endgültig beim Vier-Uhr-Schlag aus …

Fääge – Synonym für «selig trommeln oder pfeifen». Aber auch für das Schränzen einer Guggemuusig. «Het s gfäggt?» – rufen die Fasnächtler einander als Gruss zu. Und s fäggt immer …

Fasnachtskaater – sind etwas Grauenvolles. Fasnachtskaater haben nichts mit Fasnachtskätzchen und samtenen Pfoten zu tun. Nein, Fasnachtskaater miauen stets am Donnerstag. Am Donnerstag nach der Fasnacht, versteht sich. Und wenn sie miauen, dann miauen sie fürchterlich. Das Ganze beginnt gegen halb vier Uhr morgens. Noch wird in den Strassen geruesst. Noch jubilieren die Piccolos. Doch bereits gedämpfter, langsamer, müder. Und dann fahren sie heran. Dick, fett und frech. Wie boshafte Dinosaurier – die Strassenputzmaschinen fegen Frau Fasnacht mir nichts, dir nichts weg. Aus und Amen. Eine Dagwach gibt ihr das Geleit! S isch Fyrobe! – Es kommt der obligate Gang zum Zmorge. Ein Piccolo zieht vorbei: «s het vieri gschällt, s het vieri gschällt!» so ruft es. Und weint dazu: «s isch umme jetzt, s isch umme …»

F *wie* Familieziigli

Familieziigli nennt man in Basel auch Schyssdräggziigli. Ein kleiner, feiner Fasnachtszug mit wenig Teilnehmern. Wie viele Leiterwägeli wohl vom Estrich oder aus den Kellern von Grossmüttern und Grossvätern hervorgeholt werden, um der nächsten und übernächsten Generation die Fasnacht nahezubringen? Ganze Familien, vom Buschi bis zu den Grosseltern, sind unterwegs. Man trifft sie oben am Heuberg, rund um den Rümelinsplatz, am Barfi, beim Casino, kurz: auf allen Zyschtigs-Innerstadt-Routen.

F 84

G wie Gugge

Gugge – die einen finden sie «sensationell». Die andern behaupten: «Dasch kai Fasnacht.» (Achtung – man schaue zu diesem Thema unter «F» wie Fasnächtler und «T» wie Toleranz.) Tatsache ist, dass sich d Guggemuusige bei den Zuschauern an der Strassenfasnacht zweifellos der grössten Beliebtheit erfreuen. Schon vor dem Krieg haben einige kleine Formierungen – wie etwa d Jeisi Migger – als unkonventionelle Musikgruppen an einem Fasnachtszyschtig Furore gemacht. Der Durchbruch kam mit der Drei-Königs-Gugge «46». Und seit den 50er Jahren boomen die guggistischen Instrument-Virtuosen. Allerdings zeichnen sich auch bei den Guggemuusige einige Veränderungen ab – dies zumeist musikalischer Art. Es stimmt nicht, dass man in einer Gugge einfach einstehen und mitmarschieren kann (böse Zungen: «Die einfachste Art, als aktiver Fasnächtler sofort dabei zu sein …») – nein. Guggemuusige haben ein hartes Übungs-Pensum. Das musikalische Niveau ist parallel zum Niveau beim Trommeln und Pfeifen gestiegen. Heute wird nicht einfach nur geschränzt – heute wird im eigenen Sound mit Schrägtönen musiziert. Auch die Palette an verschiedenen Stücken ist bunter und grösser geworden. Dennoch – diese musikalische Professionalität hat vielleicht ein bisschen den Witz und die Einfallskraft an den selbstgebauten Instrumenten, die früher stets eine Sensation waren, abflauen lassen …

Guggezyschtig – Zyschtig ist Guggedaag. Abends pulsiert die Stadt im Guggerausch. Auf dem Seibi, Märt und Claraplatz, aber auch bei der Post finden die traditionellen Guggekonzäärt statt. Schyssdräggziigli und Cliquen weichen in die Hintergassen aus. Denn der Zyschtig gehört seit einem halben Jahrhundert den Guggemuusigern. Und ihren Fans …

Gläbbere – einfaches Musikinstrument, wo mittels eines Stück Holzes, zweier Stahlfedern und zweier Blei-Bölle Trommelrhythmen «gläbberet» werden können. Auch unschönes Wort für Weibliches …

Gässle – verdeutscht eigentlich: trommelnd und pfeifend durch die Gassen ziehen. Es bedeutet aber ganz bestimmt: auf Wolken schweben. Sei's trommelnd oder pfeifend. Sei's versunken im Glück hinter einem Schyssdräggziigli als stiller Geniesser …

Gosdyym (auch Goschdyym) – vom französischen «le costum». Für viele Fasnächtler heute das Wichtigste. Und immer wieder Zankapfel in den Cliquen. (Weshalb bekommen die Pfeifer wieder einen Rock?) Während früher die meisten «Gosdyym» aus abgelegten Sachen zusammengeschustert wurden, sind sie heute oft weniger einfallsreich als einfach nur samtseiden schön. Nach der Filz-Epoche kam der funkelnde Matratzenstoff und Lurex. Heute kann man auch «reinsyydigi Alti» sehen. Das Wichtigste ist demzufolge die Kostümschneiderin.

Gosdyymschnyydere – es gibt ein paar hundert davon. Und sie sind die guten Seelen der Fasnachtscliquen. Ihre Nähzimmer sehen aus wie das sprichwörtliche Fadenchaos – und ihre Maschinen rattern gegen die Zeit. Denn spätestens am Samstag vor dem Moorgestraich müssen d Gosdyym alle fertig und abgeholt sein …
PS: Man verwöhne d Gosdyymschnyydere hin und wieder mit einem Päckli Pralinés oder einem Maieli Mimosen …

Güpfli – oder Gipfli ist ein falscher Kopf aus Pappe. Ein Pappenkopf also, der runde obere Kopfteil der Larve.

Glaun – eines der traditionellen Charivari-Gosdyym. Und insbesondere bei den Gugge immer wieder beliebt.

Grälleligranz – Nobelgosdyym, das in den 70er Jahren von Rosmarie Joray für einen Basler Journalisten kreiert und im Buch «Goschdym-Kischte» publiziert wurde. Die Idee des verschrobenen Königs, dessen Krone aus einem von Grälleli (Glasperlen) gewobenen Vogelkäfig besteht, basiert auf den alten Elsässer Grälleligränz, wie sie früher auf den Sundgauer Friedhöfen zu finden waren …

G *wie* Gugge

Guggemuusige gehören zur Fasnachtstradition. Eine Federzeichnung von Niklaus von Riedt, 1589, zeigt bereits einen Fasnachtszug mit Musikanten. Seit einigen Jahren verzichten die Gugge freiwillig auf ihre Instrumente am Moorgestraich. Im Gegenzug überlassen die Cliquen am Dienstagabend die Innerstadt den Gugge, wo auch die Guggekonzerte stattfinden. Die Gugge bestehen mehrheitlich aus Blechmusikern mit zum Teil selbstgebastelten Instrumenten. Falsch spielen und Disharmonie sind Absicht, trotzdem muss die Melodie erkennbar sein. Eine besondere Gugge-Kunst! 1911 zahlte das Comité Subventionen an acht Musikgesellschaften. 1967 waren es bereits 25, und im letzten Jahr stieg die Zahl der teilnehmenden Guggen auf 65.

H *wie* Helge

Helge – eigentlich «Bilder». Die Basler Fasnacht ist bunt gespickt mit den verschiedensten Helge. Diese werden mitunter als «Zeedel» von den Vordrääblern abgegeben. Helge findet man auch auf den Verkleidungen rund um die Waggiswagen. Und d Helge sind natürlich der wichtige Bestandteil eines Schnitzelbangg. Hier sollten sie mit dem Vers zusammen eine funkelnde Symbiose geben – der Helge ist die eigentliche Brücke zur Pointe. Natürlich wurde auch d Fasnacht in den verschiedensten Helge festgehalten – man denke da an die Zeichnungen von Megge Kämpf, an die Fasnachtshelge von Sulzbi oder Niggi Stoecklin, von Irène Zurkinden und Hans Weidmann. Bei einem Profi-Fasnächtler hängt irgendwo immer so ein gezeichnetes Stück Fasnacht – auf dass er 12 Monate im Jahr an den «heerligscht Momänt im Joor» erinnert wird …

Heerlig – wunderschön. Grossartig. Phantastisch (im moderneren Sprachgebrauch: super … affengeil … steil). Man kann darauf wetten, dass die Zeitungsschreiber und Fasnachtspoeten das Wort «heerlig» im Zusammenhang mit Fasnacht so üppig gebrauchen wie der Marzipanbäcker den Zucker …

Helzli – sind im kleinsten Fall 39,5 Zentimeter gross. Und im grössten 41. Sie haben ein hohes Kopfgewicht und geben einen dunklen, vollen Ton. Oder sie haben wenig Kopfgewicht und geben einen helleren Ton. Sie bestehen aus Kopf, Hals und Schaft. Sie sind etwas Besonderes, etwas Baslerisches und gerade deswegen so einzigartig schlagfertig: d Basler Drummelschlegel-Helzli.

Harlekin – traditionelle, stets leicht melancholische Fasnachtsfigur, basierend auf dem Arlecchino aus der Commedia dell'arte. Seine Partnerin, die Colombine, hat sich in Basel nie besonders durchsetzen können.

Huet (Hut) – ist an der Fasnacht enorm wichtig. Ob's nun üppig herausgeputzte Alti-Dante-Wagenräder oder einfache Stänzler-Dreispitz sind: nie trägt man in Basel mehr Hüte als an der Fasnacht …

Hemmliglunggi – Hemmliglunggi ist ein Kostüm für den allerletzten Moment. Oder für die Unentschlossenen, die ein Jahr lang sagen: «Nai, nai – jetz mach y aifach kai Fasnacht» und zehn Minuten vor vier Uhr prompt mit dem Nachthemmli, einem allerliebsten Spitzenhäubchen, dem Botschamber, dem Wecker und den Bettsocken auf der Strasse auftauchen.

Hindermoole – damit die Farben auf den Laternen richtig stark leuchten und nicht einfach blass vor sich hinsterben, muss man sie auch auf der Rückseite der Lampe auftragen. Das Hintermalen besorgen meistens Freunde, Ehehälften oder die guten Cliquengeister des Laternenkünstlers.

Hörnlitörnli – so nennt der Basler Fernsehmann Paul Burkhalter den Ausflug, den er zusammen mit einigen Freunden zumeist am Samstag vor dem Moorgestraich aufs Hörnli unternimmt. Auf den Gräbern verstorbener Fasnächtler werden Mimoosemaie (mit Basler Lätsch) hinterlegt, überdies schneit man die Gräber mit rosa Räppli ein. Vor zehn Jahren hat Päuli Burkhalter mit diesem Brauch begonnen (an Weihnachten pflanzt er dann entsprechend «Wienachtsbäumli») – heute funkelt auf dem Hörnli an diesem Samstag bereits da und dort ein Mimoosemaie. Das Beispiel hat Schule gemacht …

Hüülgschicht – dass in der Basler Fasnacht immer auch Moll-Töne mitschwingen, spürt jeder, der an den drei Tagen mal hinter einer Pfeifergruppe mitmarschiert. «Fasnacht ist Leben. Und Leben ist auch Sterben», sagt Hans Räber, Poet und Verfasser der berühmten «Hüülgschicht», welche die dunklen Momente der Fasnacht skizziert. Viele tun die «raabeschwarz Gschicht», die jeweils in der BaZ-Beilage «Wenns am Määntig vieri schloot» erscheint, als «morbide Brunz» ab. Aber wenn man älter wird, spürt man plötzlich, dass diese Geschichten gar nicht so abwegig sind – sondern dass sie auf diese oder jene Art immer wieder passieren können. Und eben gerade deswegen ein Stück Fasnacht und Leben sind …

H *wie*
Helge

Die Laternenmaler und -malerinnen sind überall da anzutreffen, wo der Raum für eine Lampe gross genug ist. In der Muba, in der Kaserne, im Tramdepot, unter der Brücke, in Schulhäusern, in Luftschutzkellern etc. In der Kaserne ist es schon vorgekommen, dass die Laterne kurz vor dem Abholen der Clique nochmals demontiert werden musste, weil die Türen und Fenster des Ateliers zu klein waren ... Vielfach kann die Laterne erst nach dem Malen im Freien zusammengebaut werden, was die Spannung bei der Sujetkommission und bei den Künstlern und Künstlerinnen erhöht.

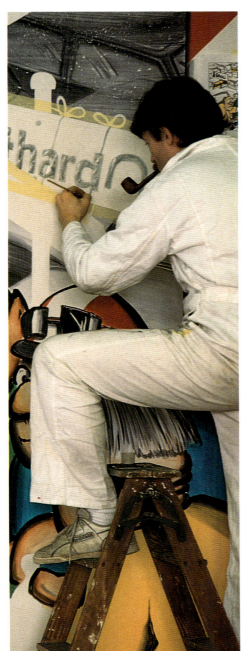

I wie Individualischte

Individualischte – die Basler Fasnacht besteht aus einem Riesenharst von Individualisten. Jeder Basler erlebt «seine» ureigene Fasnacht – und somit diese drei Tage «individuell». Man unterscheidet zuerst einmal zwischen den Comité-Fasnächtlern. Und den «Individuellen», auch «Wilde» genannt. Erstere passen sich den Anforderungen des Comités an (aber auch hier sind die «must» weniger geworden …). Paradieren am Montag- und Mittwochnachmittag im Cortège. Und holen sich so die traditionelle, grosse Zugsblaggedde sowie die Subvention. Die Individualisten wiederum findet man vorwiegend in den Hintergassen. Und sicher nicht am Cortège. Sie geniessen die absolute Freiheit und die Fasnachtsstunden in kleinen, zumeist skurrilen Grüpplein – oft auch im Aleingang. Sie lassen den Moorgestraich fröhlich «ussblämperle», weil sie ja mittags, wenn die andern Züge stauen, pennen können – und sie gehen total in der Vorarbeit auf die drei Tage hin auf. Schon Monate vor dem Moorgestraich basteln sie an allerlei Gags herum. Und polieren ihre Einfälle auf Höchstglanz.

In grossen Cliquen findet man Individualisten selten. Allerdings kann man sie auch hier hin und wieder in der Sujetkommission erleben, wo sie mit Feuer und Flamme ihre Pläne durchkämpfen. Und von den übrigen Mitgliedern mit Achselzucken entschuldigt werden: «S isch ganz klar e Spinner.» Oder bei Frauen: »Si isch halt e weeneli gschupft …»

Merke: die Individualisten sind das Salz der Fasnacht …

Individualischtedaag – morgens um neun Uhr schon erwacht der Zyschtig, der Individualischtedaag (und eben deshalb kann der Määntig-Zoobe nie allzulange dauern, damit jeder für den Gutzi-Daag topfit ist) – da hört man plötzlich Pfeifergruppen mit fingerbrecherischen Märschen wie dem Brandenburger, dem Syydelärvli oder dem Fynettli durch die Gassen jubilieren. Ihre vorbeiziehenden Melodien – ausgewogen und manchmal schwermütig – erinnern an das Kurrendesingen an Weihnachten. Und vielleicht hat gerade deswegen der Fasnachtszyschtig mit Weihnachten so viel gemeinsam.

Im Schritt! – Natürlich marschiert an der Fasnacht selbst der grösste Individualist «im Schritt». Märsche und ihre Verse beginnen immer links … Es gibt nichts Ärgerliches, als hinter jemandem herzulaufen, der nicht «im Schritt» dahineiert …

Intrigiere – jemandem hinter der Larve die Meinung sagen. Und aufs Korn nehmen. Früher fand die Form des Intrigierens noch öfter statt, weil die Leute einander in einer Stadt gekannt haben. Durch die Anonymität der Städte und ihrer Bewohner ist diese «Fasnachtskunst» selten geworden. Oft wird heute «anbackern» und «anpöbeln» mit Intrigieren verwechselt …

ILMV – genauer: Internationaler Laternenmaler-Verband. Unter diesem Markenzeichen gruppiert sich eine kleine Horde von Laternenkünstlern, die jeweils im Muba-Himmel ihre Prachtslampen pinseln. Es ist Tradition, dass jede Lampe hier irgendwo mit dem ILMV-Emblem signiert wird. Tradition ist auch das Fondue-Essen am Mittwoch vor der Fasnacht – dann sind die Laternen (zumeist) fertig. Funkeln erstmals ins Dunkle. Und werden von den Künstlern mit einer Käsefondue sowie einigen Tropfen Weisswein geehrt …

Imbergässli – das wohl meistfotografierte Fasnachtsgässli während der drei Basler Tage. Die Fotografen stehen hier schon frühmorgens Schlange, um das idyllische Bild mit dem Pierrot (Vordergrund) und den Rathaustürmen (Hintergrund) auf Zelluloid zu knipsen. Auch einige Fasnächtler kehren immer wieder hierher zurück – weniger wegen der guten Akustik des Gässli als vielmehr, damit sie schön aufs Bild kommen. Oder dann in einem der Imbergässli-Keller einen an die Gurgel schletzen können …

Jungi Garde – das absolute Maximum. Nirgend anderswo kann man Fasnacht besser erleben und besser einfühlen als in der Jungen Garde. Entsprechend sind die Jungen Garden auch enorm wichtig – nicht nur für die Zukunft der Basler Fasnacht. Sondern auch für den Fasnächtler. Die Erinnerungen an die Jahre in der Jungen Garde sind oft die intensivsten. Und schönsten.

I *wie*
Individualischte

Individualischte findet man als Ainzelmassge am Cortège und vor allem am Dienstag beim Gässle. 1994 meldeten sich 18 Ainzelmassge offiziell beim Comité als Cortègeteilnehmer an. Individualisten in kleinen Grüppli haben in den letzten 10 Jahren um das Doppelte am Cortège zugenommen. Am Dienstag kann man die Individualisten mit ihren wunderschönen Kostümen vor den malerischen Altstadtkulissen vom Leonhardsberg bis zum Münsterplatz beim Gässle antreffen. Die Rheinpromenade und Fähren sind weitere beliebte Orte von Einzelgängern. Andere ziehen jedoch das Zyschtigs-Fasnachtsgwuusel vor. Fasnachtsschwelgen auf dem Rhein. Entdeckt 1989 mit dem Motto: «Drey Daag zittere», zwischen der zittrigen Wettstein- und der standfesten Mittleren Rheinbrücke.

112

K wie Kinder

Kinder – den Gnäggis und Binggis der Fasnachtswelt ist ganz speziell der Zyschtig reserviert. Bis in die 50er Jahre haben an diesem Zyschtig «Kinderbäll» stattgefunden, wo die lustigsten Gosdyym und Hüte prämiert worden sind. Heute geniessen die Dreikäsehochs die Strassenfasnacht mit den Kinder- und Familienziigli. Bereits am Donnerstag und Freitag vor dem Moorgestraich kann man diese Kinderfasnacht in den Kindergärten erleben. Mit selbstgebastelten Larven und Kostümen ruessen die Binggis auf Seifenpulverkisten durchs Quartier. Gerade diese «hausgebackenen» Kinderlarven bestechen in ihrer Fröhlichkeit und den bunten Farben derart, dass «Kinderziigli» auch von Erwachsenen – sei's am Monstre, sei's als Cliquenzug – immer mal wieder kopiert werden.

Kinderguggeplausch – wurde vor vielen Jahren von den Fuege-Fäger ins Leben gerufen. Die Guggemuusig rief alle Kinder der Stadt auf, mit irgend einem Krachinstrument am Fasnachtszyschtig beim Theaterplatz zu erscheinen. Und mit den «Grossen» einzustehen. Seither marschiert da jeweils ein Riesenharst von über 2000 Gnäggis am Steinenberg ab. Da hier auch Kinder von Gastarbeiterfamilien die Möglichkeit haben, Fasnacht mitzuerleben, und nicht abseits stehen müssen, hat dieser Kinderguggeplausch einen grossen Integrationswert.

Kinderzottlete – Kinderziigli – es ist längst kein Geheimnis mehr: der Zyschtig mit all seinen wunderherrlichen Kinderziigli und der riesigen, kostümierten Kinderzottlete, die da am Nachmittag Richtung Kleinbasel marschiert, ist zum herrlichsten der drei Fasnachtstage geworden. Sieht man teilweise die Perfektion, die Uniformiertheit und manchmal gar die erschreckend kalte «Richesse», die dem Zug von grossen Cliquen anhaftet, freut man sich um so mehr an der Phantasie der kleinen Kinderziigli, die mit wenig Geld, enormem Arbeitsaufwand und möglichst «alles aus eigenem Keller» auf die Beine gestellt worden sind.

Kopfladäärnli – das A und O am Moorgestraich. Es gibt nichts Schöneres, als am Moorgestraich in der dunklen Nacht einen Fluss von funkelnden Kopfladäärnli zu beobachten. Ärgerlich ist es nur, wenn bereits um halb fünf Uhr die Batterie den Lätsch macht und das Biirli den Geist aufgibt. Deshalb gehört der Kopfladäärnli-Check am Samstag vor der Fasnacht zum absoluten «must».

Kiechli – man meint in Basel damit das «Küchlin-Theater», wo bis vor einigen Jahren noch unter der Ära Ceppi das Monstre über die Hühnerleiter und Bühne gegangen ist. Kiechli sind aber auch die laubblattdünnen Fasnachtskiechli, die bereits im Mittelalter zur Fasnachtszeit herumgeboten wurden. Damals war es Sitte, dass die Troubadoure «umb das Küechlin sangen». Heute ist die Sache einfacher. Man geniesst die ersten Fasnachtskiechli wie auch die traditionellen Faschtewaaie bereits kurz nach Weihnachten aus dem Sechserpack …

Klappe – gemeint sind die silbrig funkelnden Halbton-Bügel des Piccolos. Manchmal streiken die Klappen, weil die Federchen müde und lahm geworden sind. Es empfiehlt sich deshalb, das Schreiholz vor der Fasnacht nochmals genau auf seine Klappen hin überprüfen zu lassen.

Kasäärne – neben der Mustermesse ist die Kasäärne ebenfalls eine der grossen Geburtsstätten der Fasnachtslaternen.

Käller – sind Cliquenkeller in der Innerstadt. Sie sind an der Fasnacht oft Treffpunkt der Cliquen und urgemütliche Stimmungslokale (von den Baizern ungern toleriert).

Kääswaaie – traditioneller Moorgestraich-Imbiss, dessen herrlicher Duft aber in den letzten Jahren leider von grillierten Bratwürsten überdeckt worden ist …

K *wie*
Kinder

Fasnachtszyschtig, am zwei: Warten auf dem Theaterplatz vor dem Fasnachtsbrunnen von Jeannot Tinguely, auf den Abmarsch der Fuege-Fäger, einer Gugge, die alljährlich, seit 1982, Binggisse und Dreikäsehochs zu einem Super-Fasnachts-Rundgang einlädt. D Fuege-Fäger verteilen an die Kleinen allerlei Krachinstrumente und integrieren sie in ihre grosse Gugge.
E Buebeziigli an der Laternenausstellung 1991 auf dem Münsterplatz. Kinder am Fasnachtszyschtig. Kinder am Glaibasler Kindercharivari 1990 im Volkshaus an der Rebgasse, beim Schnitzelbangg-Singen.

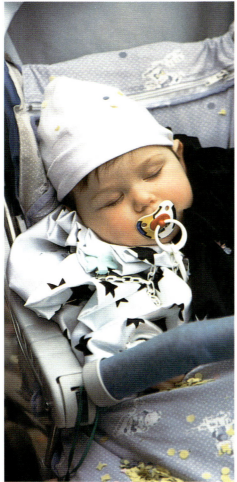

K 131

L *wie* Lampe

Lampe – sie sind das Prunkstück jedes Fasnachtszuges. Die Laternen – oder einfach d Lampe genannt – haben nicht nur die Basler Fasnacht geprägt. Sie prägen auch den Basler. Tinguely hat einmal gesagt: «Ohne die Volkskunst der Laternenmaler hätte die Stadt am Rheinknie nicht dieses Kunstverständnis. Die Fasnachtslaternen sind nicht unwesentlich daran beteiligt, dass sich die Bebbi für Kunst begeistern können. Und – wenn nötig – auch dafür einsetzen, wie etwa bei der Picasso-Sammlung ...» Tatsächlich haben sich schon viele namhafte Künstler an Cliquenzüge und Laternen gewagt – neben Tinguely (bei den Kuttlebutzern) und César (der eine Compression aus Blaggedde presste) haben auch Eva Aeppli, Samuel Buri, ja gar Beuys die Fasnacht geprägt. Interessant ist immer wieder die Stilveränderung, die sich in den letzten Jahrzehnten in der Laternenlandschaft bemerkbar gemacht hat. Und die – in der Möglichkeit von Volkskunst – auch die Stilrichtungen der zeitgenössischen Kunst widerspiegelt.

Ladäärnemooler – sind oft mimosenhafte Wesen, die sich nicht gerne «dryreede» lassen. Besucher im Atelier sind ungern gesehen – es sei denn, sie klopfen mit einer Kiste Weisswein an. Die Laternenmaler malen nicht nur das pièce de résistance der Clique – sie entwerfen auch die Gosdyym und Larven, pinseln hurtig noch zwei, drei Kopfladäärnli und ein halbes Dutzend Stägge-Lampe. Und dies alles nur für drei Tage und Nächte ...

Ladäärne-Abhoole – findet am Sonntag vor dem Moorgestraich irgendwo in einem Atelier oder Hinterhof statt. Das Prachtswerk wird vom Pfeiferharst, nachdem es gebührend bewundert und mit Weisswein getauft worden ist, beim Eindunkeln in die Stadt gepfiffen. Viele empfinden dieses «Ladäärne-Yypfyffe» als stimmungsvollsten Moment der Vorfasnacht. Nicht zuletzt, weil das Fieber dann auf den Höhepunkt steigt – und jede Sekunde der Fasnacht noch vor einem liegt ...

Ladäärnedrääger – leider sieht man sie zu selten. Dabei gibt's nichts Schöneres als eine Laterne, die auf den Schultern von vier Trägern in die Nacht getragen wird. Nur so bekommt sie auch den eigentlichen, schwankenden Rhythmus der Fasnacht. Da Ladäärnedrääger nur selten aufzutreiben sind (und eigentlich gehörte ihnen einmal ein Kränzlein oder Gedicht gewunden), weicht man seit zwei Jahrzehnten in den meisten Fällen auf einen Wagen aus, mit dem d Lampe gezogen wird.

Ladäärneuusstellig – bis vor einigen Jahren noch hat sie stets in der Mustermesse stattgefunden. Und war dort stimmungsmässig kaum attraktiv. Seit neuerer Zeit jedoch werden die Lampen nun am Montagabend auf dem Münsterplatz auf- und ausgestellt. Die Ambiance ist märchenhaft – das Ganze eine Superidee und dauert bis Mittwochmittag. Eine Leistung des Fasnachtscomités. Nit z verpasse!

Liecht – sollte am Moorgestraich in der Innerstadt überall abgelöscht sein. Nur Kopflaternen und Cliquenlampen dürfen leuchten – jedes helle Schaufenster oder funkelnde Neonreklamen sind eine Ohrfeige für den Stimmungsmoment. Ebenso sind Blitzlichter beim Fotografieren verpönt – und werden (manchmal) von rabiaten Tambourmajoren mit dem Stock weggefegt.

Larve – das Wichtigste an der Fasnacht. Früher haben die Basler Wachslarven aus dem Piemont und Frankreich importiert. Seit den 33ern, dieser Künstlervereinigung, die in der Kunsthalle stets zum berühmten Zyschtigs-Fescht gebeten hat, gibt's die cachierte Larve. Weil die Wachslarven durch die Hitze und das Schwitzen darunter bereits nach zwei Stunden oft aufgeweicht waren, suchte man nach einer «festeren» Art. Lotti Krauss, eine Basler Künstlerin, hat dann zusammen mit einigen Kolleginnen und Kollegen den Prototyp der heutigen Fasnachtslarve entwickelt. Allerdings hatten in den 30er Jahren diese Larven noch nicht dieses (so oft) gigantische Ausmass von heute, sondern waren kleine, ziemlich enganliegende Köpfe.

Lämpe – Cliquenkrach. Zumeist kurz vor oder kurz nach der Fasnacht ...

L *wie* Lampe

Die Lampe oder Laterne wird am Sonntagabend von den Pfyffern zum Cliquen-Abmarschort in die Innerstadt begleitet. Die «Seele» der Fasnacht, wie die Cliquen ihre Lampen nennen, kommt erstmals am Moorgestraich zum Einsatz. Am Nachmittag ist sie wichtiger Bestandteil des Cliquen-Zuges am Cortège. Im Verlaufe des Montagabends verlässt die Laterne die Clique und wird zur Laternenausstellung auf den Münsterplatz gebracht, wo ihr die meisten Cliquen-Fasnächtler am Dienstag die Ehre erweisen. Am Mittwochmittag ist die Laterne wieder bis spät in die Nacht mit der Clique unterwegs. Besonders schön sind die Laternenverabschiedungen zum Ausklang der Fasnacht auf dem Marktplatz und an der Schifflände.

M wie Moorgestraich

Moorgestraich – zweifellos der schönste Augenblick der Fasnacht. Er beginnt am Montag mit dem Vier-Uhr-Schlag und dem «Moorgestraich – vorwärts marsch!» – aber bereits eine Stunde später, beim ersten Cliquenhalt, ist da eine leise Wehmut: «Vorbei … jetzt geht's nur noch 71 Stunden.» Der Basler Poet Hans Räber hat's so ausgedrückt: «Die Fasnacht ist wie das Leben – man spürt, wie einem die Zeit zwischen den Fingern zerrinnt. Im Leben ahnst du das Sterben – nach dem Moorgestraich bereits das Ende … » Der Moorgestraich ist zweifellos der traditionellste Moment der Fasnacht. Während sich Cortège-Nachmittage und der Zyschtig immer wieder verändern, hat der Moorgestraich seine alte Struktur und das Gespenstische beim Tageserwachen halten können …

Määlsuppe – traditionelle Moorgestraich-Suppe. Sie wird in den Basler Familien und Baize nach -zig verschiedenen Rezepten zubereitet. Wichtig ist: das geröstete Mehl. Und die Fleischbrühe. Überdies sollte die Määlsuppe gut 12 Stunden auf kleinstem Feuer köcheln. Die «Tradition» ist allerdings nicht so alt, wie es eine alte Blaggedde (2000 Joor Määlsuppe) wahrhaben möchte. Bis in die 20er Jahre haben die Basler am Moorgestraich heissen Gaggo getrunken. Beides – Määlsuppe oder Gaggo – ist Gift für einen guten Pfyffer-Ansatz …

Määntig – Schwergewicht ist natürlich der Moorgestraich. Mittags zeigen sich die verschiedenen Züge erstmals am Cortège. Abends ist man dann durch die durchwachte Moorgestraich-Nacht total auf dem Hund. Deshalb kehrt an einem Montag oft schon um Mitternacht Ruhe ein.

Massge – nennt man die «ganze» Erscheinung mit Gosdyym und Larve.

Mässgli – gibt es auch aus Marzipan in den Basler Konditoreien.

Määrsch – Trommler und Pfeifer stellen ihr Repertoire mit den Märschen zusammen. Man unterscheidet zwischen den traditionellen Märschen und den neuen Kompositionen. Erstere sind oft Militärmelodien – erinnern an Krieg und Tod. Und lassen eine melancholische Stimmung aufflackern (Alte Schweizer Märsche). Entsprechend sind Aussenstehende auch immer wieder enttäuscht, wenn sie die oft noch benommenen Köpfe der Tambouren und Pfeifer beobachten, wenn diese ihre Larve abnehmen: «Die lache jo gar nit …» Die Märsche neueren Datums haben oft einen höheren Schwierigkeitsgrad – sowohl für Trommler wie für Pfeifer. Sie sind melodisch anspruchsvoller und nicht selten alten Meistern wie Mozart, Haydn oder Bach nachempfunden (oder gar direkt übernommen und auf Basler Piccolo transponiert). Während früher eine Clique etwa zehn Märsche im Repertoire hatte, sind's heute oft über zwei Dutzend.

Maarschiebig – vier Wochen vor Fasnacht treffen sich die Tambouren erstmals mit den Pfeifern, um open air die erste Marschübung (in der Hard oder in den Langen Erlen) durchzuführen. Anschliessend haben dann beide Seiten den Cafard und erklären: «Die Trommler sind zu schnell …» Oder: «Die Pfeifer schleppen …»

Mimoose – zartbesaitete Seele. Und beliebteste Fasnachtsblume.

Mimösli – neustes Kind im Vorfasnachtszauber. Hansjörg Hersberger (Häbse) lässt zusammen mit Radiomann Schaub in seinem Theater im Kleinbasel musikalische und pointierte Vorfasnachts-Dääfeli räägne …

Museumskonzäärtli – bravouröse Trommel- und Pfeifervorträge, die immer vor der Fasnacht im Naturhistorischen Museum vor ausverkauftem Haus geboten werden …

M *wie*
Moorgestraich

1848 wurden erstmals in historischen Zeitungsberichten Laternen am Morgenstreich erwähnt. 1888 hiess es: Viel Getöse und wenig Sehenswertes. Heute treffen sich die Cliquen ab 3 Uhr in ihren Stammlokalen oder nahe dem Abmarschort, wo bereits die Lampe wartet. Die Fasnächtler kommen im Charivari, das heisst in ihren Lieblingsmoorgestraichkostümen. Kopflaternen werden auf Licht überprüft und die Kerzen (bis 280) in der grossen Laterne angezündet. Wenn es von der Martinskirche vier Uhr schlägt, wird von einem zentralen Moorgestraichschalter aus das Licht in der ganzen Innenstadt gelöscht. Der «Spuk» beginnt ...

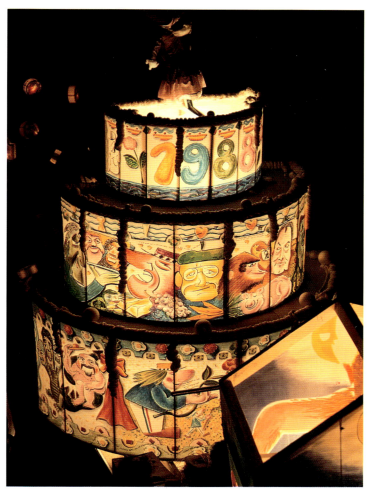

N wie Nacht

Nacht – natürlich schenkt gerade die Nacht der Fasnacht einen speziellen Rahmen. Welche Stunde wäre geeigneter, die Geister aufleben zu lassen, als Mitternacht. Eben. Die Fasnacht beginnt schon mit der grossen, schlaflosen Nacht am Sonntag. Früher war's da gespenstisch still in den Gassen. Seit die Basler Fasnacht aber zur Touristen-Attraktion geworden ist und bereits am Sonntagmorgen die ersten Cars aus ganz Europa im Dalbeloch ankurven, wird diese Moorgestraich-Nacht leider zum Tag gemacht. Die Fasnachtsbesucher verbringen die Sonntagnacht in den Baize oder auf der Strasse. Und während die Bebbi in ihren Betten mit Herzklopfen darauf warten, dass der Wecker schellt, grölt's in den Strassen. Dennoch hat gerade die Nacht auf den Moorgestraich etwas Verzaubertes, wenn gegen zwei Uhr morgens ganz leise die ersten Ueligleggli in Richtung Stammbaiz schellen. Und man die Finger zum Fenster hinausstreckt: «Kalt – aber drogge …»

Nachtässe – ist an der Fasnacht immer wieder ein Problem. Cliquen und Gugge haben alle «ihre» Baiz, wo sie verköstigt werden. Schwieriger wird's für aktive Fasnachtbesucher oder Touristen, die irgendwo einen Happen essen möchten. Wer nicht lange vorausbestellt hat, kommt auf gut Glück wohl kaum unter. Entsprechend sind in den letzten Jahren die Verpflegungsstände mit den Wurstrauchwolken wie Pilze aus dem Boden geschossen. Diese Satelliten-Küchen sind zwar optisch und für die Fasnachtsnase, die sich am Ziibelewaaie-Parfum freuen möchte, nicht das Gelbe vom Ei. Aber sie haben manchem knurrenden Bauch das Überleben garantiert …

Noomidaag – für die einen bedeutet's: Stau am Cortège. Für die andern: Concerto in den Hintergässli. Aber alle warten am Noomidaag auf die grosse Kür am Abend …

Näägeli – werden oft dem traditionellen Fasnachtsmaie mit Mimosen beigesteckt. Neben der Mimose die meist verschenkte Fasnachtsblume …

Narr – eigentlich kein Basler Begriff. Kommt im Dialekt im Zusammenhang mit Fasnacht kaum oder dann nur in ganz alten Poesien («Fasnachtsnarr») vor. Ausnahme: Naarebaschi. Berühmte Clique mit ebenso berühmtem Pfeifermarsch …

Naase – also Näslein bringen es an einer Basler Fasnacht wirklich nicht, obwohl immer wieder so ein paar Witzbolde am Fasnachtszyschtig mit einer pappigen Näslilarve im Schyssdräggziigli auftauchen. Berühmt sind die riesigen Nasen (Zingge!) der Waggiswagen-Waggis. Diese überdurchschnittlichen Rüben sind jedoch neueren Datums. Alte Waggishelgen zeigen die Waggis-Larve mit feiner, leicht gebogener Bauernnase. Und statt der Allerwelts-Riesenperücken tragen die Waggis ein weisses Zipfelkäppli.

Noote – benotet sollte an der Fasnacht eigentlich nicht werden. Manchmal wird's von lustigen Journalisten im Römerdaumenstil dennoch getan. Denen zeigt man dann aber unisono den Daumen nach unten. Musiknoten hingegen sind sowohl bei Gugge wie bei Trommlern und Pfeifern das A und O der musikalischen Fasnacht. Man hat das Gefühl, dass seit etwa zehn Jahren das Musikalische an der Basler Fasnacht fast schon überbenotet wird …

Naaiere – jede Clique hat ihre eigene Gosdyym-Naaiere. Und jeder Zug hat jemanden, der immer mit einem «Naai-Necessaire» mitmarschiert, damit grobe Schäden sofort mit Nadel und Faden behoben werden können. D Naaiere besitzt übrigens auch ein Mass-Buch, wo sie alle Bauchumfänge des Stammvereins auf Jahre hinaus verfolgen kann …

N *wie* Nacht

Dienstagnacht gehört die Innenstadt den Gugge und ihren Platzkonzerten. Die Pfeifer und Tambouren sind angewiesen, am Dienstagabend von 20 bis 22.30 Uhr die Innerstadt im Gebiet Marktplatz … Gerbergasse … Falknerstrasse … Barfüsserplatz … Freie Strasse … Greifengasse … Claraplatz … Rebgasse zu meiden. Mittwochnacht ist eine der schönsten Nächte, wenn der Cliquenstamm nach dem Nachtessen Junge Garde und Binggisse in die Mitte nimmt und zusammen mit der Alten Garde, der dazugehörigen Frauen-Clique und allen Lampen auf die Gasse geht.

O *wie* Offiziell

Offiziell – ist an der Fasnacht eigentlich gar nichts. Und trotzdem vieles. Man unterscheidet beispielsweise zwischen der Fasnacht auf der offiziellen Route. Und der «wilden» Fasnacht in den Hintergassen. Überdies findet ein paar Wochen vor dem grossen Basler Ereignis das «Offizielle Brysdrummle und -pfyffe» statt. Hier werden der Basler Trommelkönig, die Trommelkönigin, der Pfeifer-King, die Pfeifer-Queen offiziell erkoren. Der Anlass – das Ganze ist eine Riesenübung mit über hundert freiwilligen Helfern – wird immer von vier Stammvereinen unter dem Patronat des Fasnachtscomités durchgeführt. Anmelden können sich allerdings nur Mitglieder von Gruppen und Cliquen, die «offiziell» beim Comité gemeldet sind. Die «wilden» haben hier kaum Möglichkeit, ihre Trommel- oder Pfeiferkunst unter Beweis zu stellen (es sei denn, sie organisierten sich durch einen «offiziellen», beim Comité gemeldeten Helfer eine Teilnehmer-Nummer). Ebenso ist das «Offizielle Brysdrummle und -pfyffe» für die Tambouren und Piccolo-Virtuosen aus der übrigen Schweiz nicht zugänglich (oder eben nur, wenn diese an der Fasnacht «offiziell» beim Comité angemeldet sind und hier die offizielle Route abmarschieren). Der Skandal war perfekt, als einmal der Walliser Tambour Hausi Leutenegger als Gast das Brysdrummle gewann. Die Krone wurde ihm nicht anerkannt. Man kann somit juristisch eigentlich *nicht* von einer «offiziellen Krönung» reden, weil sich die «Offiziellen» ja selber krönen und ihre eigenen Regeln aufstellen. Trotzdem ist und bleibt «s Offizielle» neben den vielen andern internen Brysdrummle und -pfyffe der wichtigste Anlass dieser Art (zumindest auf städtischem Basler Boden) …

Obmaa, Obfrau – Cliquenobmaa ist ein anderes Wort für Cliquenpräsident. Man redet in Basler Fasnachtskreisen nur ungern vom «Präsidenten». So etwas überlässt man den Jodelclubs und Verwaltungsräten. Nein. In Fasnachtskreisen und selbst beim Comité heissen die obersten Chargen: Obmaa. Oder Obfrau. Das Amt des Cliquenobmaa ist nicht einfach. Es gilt hier ein ziemlich schwieriges Boot zu führen – denn gerade die Cliquen sind ein Herd von Querelen und Intrigen. Als Belohnung für das schwierige Amt werden Cliquen-Obmänner jeweils an runden Geburtstagen mit einem Ständeli, mit einem Zinnteller oder mit einer Fasnachtsfigur beschenkt. Überdies dürfen sich die Obmänner der Stammvereine einmal jährlich am «Obmaa-Meeli» treffen, wo seit ein paar Jahren auch die Obfrauen Einzug gehalten haben. Werden Obmänner aus ihrem Amt entlassen, macht man sie zumeist zum «Ehren-Obmaa». Nun treffen sie sich am «Meo», am Meeli ehemaliger Obmänner …

Orginaal – ist ein origineller Fasnächtler. Leider werden sie immer seltener. Der Määrtplatz-Waggis ist ein Orginaal. Die erste Fasnacht nach dem Krieg hat er einen alten Morgenrock verkehrt angzogen, seine Brille mit Wasserfarbe bemalt und intrigiert. Intrigieren kann er. Das hat ihn seine Frau gelehrt. Bald einmal merkte er: Die Wasserfarbenbrille ist nicht das Wahre. Eine Larve muss her. Im «Knopf» kaufte er sich einen Waggis aus Wachs. Den Waggis-Stägge aber schnitzte er sich «aus eigenem Boden». Das war anno 1946. Seither hat er als Ainzelmassge unsere Fasnacht bereichert.

Orangsche – werden von den Waggiswagen verteilt. Und zugeworfen. Man erzählt sich, dass Mutter Spillmann, die alte Besitzerin des ehrwürdigen Cafés am Rhein, ihren Sohn Fred jeweils auf die grosse Terrasse stellte. Die Waggiswagen haben ihn dann mit Orangen beworfen. Hurtig wurden die Früchte eingesammelt. Ausgepresst. Und der Jus tiefgekühlt. So gab's das ganze Jahr hindurch Spillmanns berühmtes Orangen-Sorbet nur aus Waggisorangen …

Oesch – findet man in der Spalenvorstadt. In der 2. Generation pflegt hier die Familie Oesch den Piccolo- und Trommelton. Die Gebrüder Oesch «stimmen» nicht nur Bryspfyffe-Gruppen ein, sie sind die Trommeldoktoren an der Fasnacht und die «Feuerwehr», wenn am Moorgestraich eine Klappe lahmt …

Ooremyggeli – ist eigentlich der Mumps, die Parotitis. In Basel ist das «Ohremyygeli» jedoch ein besonderer, schwieriger Pfyffermarsch von George Gruntz, zu dem es auch Trommelnoten gibt.

O *wie* Offiziell

Nach harten Vorentscheidungen, beim Final im Grossen Festsaal der Messe Basel: Siegerehrung 1990 beim Offiziellen Brysdrummle und -pfyffe. Personifizierte Fasnachtsblaggedde an der Dernière am 1. März 1992, am Drummeli im Küchlin-Theater, in der Steinenvorstadt. Nach 79 Jahren wurden die Monstre-Trommelkonzerte ins Kleinbasel, in den Grossen Festsaal der Messe Basel, verlegt. Drummelieigener Bangg und Unggle Sam am Charivari. O wie offiziell ist auch das Comité, das an den beiden Nachmittagen die Cliquen beim Vorbeimarsch grüsst, kontrolliert, bewertet, um nach einem nicht bekannten Schlüssel die Subventionen (das Geld stammt aus dem Erlös der Blaggedde und den Drummeli-Einnahmen) zu verteilen. Offiziell beim Comité stehen auch Journalisten und Fotografen. Mitautor -minu notiert sich die Ladäärneväärsli.

O 179

P wie Pfyffer

Pfyffer – Gattung von aktiven Fasnächtlern. Eigentlich müsste es ja heissen «Pfyffere». Denn auf den riesigen Harst von pfeifenden Fasnächtlern entfallen heute gut ⅔ Frauen. Das war nicht immer so. Früher haben die Stammvereine (mit einigen wenigen Ausnahmen) nur Männer und somit nur Pfeifer aufgenommen. Mit der Zeit zeigte es sich, dass die Buben jedoch, wenn sie vor der Wahl «Piccolo» oder «Trommel» standen, zumeist zur Trommel griffen. Männlicher Pfeifernachwuchs wurde rar. Also nahm man in die jungen Garden Mädchen auf, die dann jedoch mit 18 Lenzen nicht in den Stammverein aufrücken durften. Sondern – wenn's hoch kam – in einer cliqueneigenen Frauengruppe («Wybli … Junte … Mysli») einstehen konnten. Heute ist das Cliquendenken dank der jüngeren Generation punkto «Pfyffere» aufgeschlossener. Und immer mehr Stammvereine nehmen auch Frauen, die bei den Jungen mitgepfiffen haben, auf.

Pfyffe – die Kunst des «Pfeifens» hat in Basel in den letzten 10 Jahren enorm Aufwind bekommen. Während man nach dem Krieg und in den 50er bis in die 60er Jahre immer wieder an Arabi, Gluggsi und an den Alten Schweizer Märschen rumkaute, ist das Repertoire heute bunter. Und vielschichtiger. Nicht zuletzt auch durch das Charivari, das in seinen Aufführungen stets nach neuen musikalischen Piccolo- und Fasnachtsmusik-Möglichkeiten suchte, wurde «pfeifen» in den letzten 20 Jahren zum konzertanten Fasnachtserlebnis. Das Niveau ist hier nicht nur bei den einzelnen Primadonnen-Gruppen (Bajasse, Znynibigger, Harlekin etc.) in Höchstsphären geklettert – die Freude am musikalischen Pfeifen hat sich auch in den Cliquen ausgewirkt. Das Monstre hat in den letzten fünf Jahren bewiesen: es gibt pfeif-(aber auch trommel-)technisch keine schlechten Stammvereine mehr. Die «musikalische» Fasnacht, der wir mit Eifer und Ansatz entgegenjubilieren, birgt allerdings auch eine Gefahr: der «mittelbegabte» Pfeifer wird an die Wand gepfiffen. Er kommt bei den schweren Fingerbrechern mitunter kaum mehr mit. Und geht dann frustriert ab in die Skiferien …

Pfyfferli – wurde als Gegenstück zum «Drummeli» vor rund 20 Jahren von Rolli Rasser im Fauteuil auf die Beine gestellt. Die Idee stammte von der Publizistin und Kabarettistin Vreni Berlinger, die während jener Jahre als «Zytigsanni» und Frauenbangg gross Furore machte. Das «Pfyfferli» ist auch heute noch eine beliebte Fasnachts-Revue, vollprofessionell durchgezogen. Die Schwergewichte liegen auf guten Texten und «Stiggli» – das Pfeifen (zumeist durch eine der Basler Primadonnen-Formationen) ist ein wenig in den Hintergrund getreten.

Pointe – schwierig. Schwierig. Und selten. Selten. Die Fasnacht sollte vollgespickt mit bissig-bösen Pointen sein. Besonders der Schnitzelbangg basiert auf der sogenannten Schlusspointe – doch im Zeitalter von «Schnüüfeli», Beni Thurnheer und TV-Shit flachen diese Pointen ab. Und funkeln nicht mehr wie früher. Dennoch gibt's immer wieder mal ein Highlight – sei's in einem Bängglervers. Oder sei's nach einem Vierzeiler in einem der über 500 Fasnachtszeedel …

Pumperniggel – Es handelt sich um einen Tambourenmarsch, der schon über 60 Jahre getrommelt wird, damit die Pfeifer in der vorderen Formation eine Verschnaufpause haben. Der Name Pumperniggel gilt sowohl für deutsches Soldatenbrot als auch für die grünen Kastanienpanzer, die die braunen «Keschtene» umhüllen.

Pierrot – der etwas eingebildete Bruder des Harlekins. Er ist der Pfau unter den traditionellen Fasnachtsfiguren – seine Pfauenfeder am schwarzen Gipflihut beweist es …

Plastigg-Bäggli – verpönte Plastik-Backen, die zwar bei Spitzenpfeifern als stromlinienförmige Lärvli in letzter Zeit Furore machen. Sind aber eigentlich nur als Larve für Laternenträger oder Chaisen-Kutscher toleriert …

Polizey – wird an der Fasnacht ignoriert. Es gibt allerdings Cliquen, die Polizisten derart mit Räppli einseifen, dass diese noch in den Sommerferien von Rimini das letzte Überbleibsel aus den Ohren baden können.

P *wie* Pfyffer

Trachten sind immer ein beliebtes Pfyffer-Kostüm, sei es zur 700-Jahr-Feier, als Elsässere oder zum Thema Basel. Geprägt durch den Chemiebrand am 1. November 1986, präsentiert sich ein ganzer Cliquen-Zug an der Fasnacht 1987 mit bitterbösen Larven. Die Pfyfferlarven müssen speziell angepasst und ausgeschnitten werden. Es gibt nichts Unangenehmeres für Pfeifer als eine Larve, die nicht sitzt oder die Töne schluckt. Das Basler Piccolo ist eine kleine Querflöte, eine Oktave höher gestimmt als die Querflöte. Schon im frühen 16. Jahrhundert spielten die Stadtpfeifer mit Querpfeifen zum Tanz auf. Erst im Zusammenhang mit der Fasnacht erhält das aus Holz gebaute Piccolo im späten 19. Jahrhundert vermehrte Beachtung. In den letzten Jahren hat man jedoch immer mehr auf die wetterfesten Plastik-Piccolos umgestellt. Es gibt auch Piccolos mit Spezialbohrungen für die tieferen Stimmlagen und goldene, silberne und weisse Piccolos für Primadonnen.

P 193

Q wie Querschnitt

Querschnitt der Vorfasnacht – ist schon fast grösser als der eigentliche Fasnachtsquerschnitt. Es ist unglaublich, was in Basel nach dem letzten Weihnachtsbaum-Halleluja bis zum ersten Moorgestraich-Ton alles über die Bretter rollt. Es scheint, dass gerade diese Vorfasnachts-Querschnittzeit für die Bebbi wichtiger und wichtiger wird. Hier pumpt man alle Energie hinein. Hockt intensiv zusammen. Und arbeitet miteinander auf die drei Fasnachtstage hin. Natürlich bringen solche emotionellen Investitionen auch Gefahren: die Erwartungshaltung gegenüber den kommenden Fasnachtstagen wird mit jedem Tag grösser. Die Fasnacht selber kann dann mitunter den übersteigerten Vorgefühlen nicht mehr gerecht werden …

Querschnitt durch Fasnachtsschlagwörter – eines der Schlagwörter ist immer wieder das Wetter. Das Wetter hat seit jeher an den drei Tagen eine grosse Rolle gespielt – allerdings sind sich die Basler da meistens einig: «Der Petrus ist ein Bebbi – der lässt uns nicht im Stich.» Bereits eine Woche vor Moorgestraich verfolgt man am Rheinknie das Quaken der Wetterfrösche und die Rheuma-Anfälle sowie den linken Fuss von Tante Martha («Das isch my beschti Wätterprognoose!»). In der Moorgestraichnacht wuuselt man unzählige Male ans Fenster, um den Himmel und die Petruslaunen zu beobachten. Und schüttet's dann doch drei Tage, weiss das spätestens am Fasnachtsfreitag kein Mensch mehr. Und eben deshalb hat Pilatus, Wetterfrosch und aktiver Vordrääbler, Sonnenschein und Wolken der letzten Fasnachtsjahre zusammengetragen.

Querschnitt – nennt man die Fasnachtssendung, welche am Sonntag nach dem Moorgestraich ausgestrahlt wird. Und dem DRS-Publikum einen «Querschnitt» des Basler Fasnachtsjahrgangs vermitteln soll. Die Sendung hat hohe Einschaltquoten und wird von der übrigen Schweiz genossen – nur die Bebbi meckern immer gerne daran herum («Dasch doch nit Fasnacht!»), wenn sie nicht auf der Mattscheibe erscheinen …

Quartierfasnacht – kaum beachtet wird jeweils die Fasnacht, die in den Aussenquartieren in den verschiedenen Baize stattfindet. Gerade im Horburg oder Gundeli, aber auch beim Oekolampad kann man noch «Quartier-Bängg» und «Kindergruppe», die mit dem Fasnachtsliedli von Bäckerei zu Bäckerei ziehen und sich ihre Darbietung versüssen lassen, beobachten. Ebenfalls findet in den verschiedenen Altersstuben und Spitälern an den Fasnachtstagen ein «Massge-Noomidaag» mit Cliquen-Auftritten, Bängg, manchmal gar Schwoof und gemütlichem Zusammensein statt.

Quodlibet – war ein Verein zur Pflege von gesellschaftlichen Anlässen, wie Maskenbällen und Theatervorführungen. 1860 fand der erste Kostümball des Quodlibet im Café Spitz statt. Ein paar Jahre später dislozierte man in die Burgvogtei und dann 1885 in den Musiksaal des Stadtcasinos. Bereits 1884 organisierte das Quodlibet einen ersten Fasnachtszug. Weitere Mitglieder des Quodlibet-Vereins marschierten bei der VKB mit. Das Quodlibet verband damals mit dem Fasnachtsumzug eine Prämierung, um dem Fasnachtsbetrieb zum Aufschwung zu verhelfen. Aus dem Quodlibet erwuchs 1911 das heutige Fasnachts-Comité.

Quirlig – geht's immer bei den «Stuubede», einem Bestandteil der Vorfasnacht, zu. Man trifft sich in den Stuben zum Basteln, Gosdyym-Nähen, Larvenmalen, kurz: um sich auf die Fasnacht vorzubereiten. Später dann, an den eigentlichen drei Fasnachtstagen, werden diese «Stuubede-Momente» zum Baize-Ersatz. Und oft auch zum gesellschaftlichen «must». Ja, es gibt Fasnächtler, die ihre Routen von einer Stuubede zur andern legen …

Querschleegel – ist einer, der ständig gegen irgend etwas wettert. Jede gute Clique kennt den «Querschleegel», wünscht ihn zum Teufel, verflucht ihn – aber er bleibt, weil man das Glücksgefühl nicht missen möchte, wenn auch ihm einmal etwas passt.

Querpfyffer – ist ein beliebter Marsch, der – wie's schon der Name sagt – quer gepfiffen wird.

Q *wie*
Querschnitt

Querschnitt durch die Fasnacht. Quer durch die Vorfasnacht: d Räppliserenade, Blick hinter den Vorhang und Gugge im Mimösli, s Kinder-Charivari, s Narrebaschi-Konzärtli, s Charivari und s Pfyfferli. Den eigentlichen Vorfasnachts-Querschnitt eröffnet meistens das Fauteuil mit dem «Pfyfferli» oder der «Basler Revue». Aber da sind auch im Kleinbasel s Mimösli, s Charivari (heute bereits grosse Traditions-Renner) und die winzigen «Heimspiele» wie etwa s Museumskonzäärtli (wo man hervorragende Piccolo-Kunst geniessen kann). Oder im Rhypark d Räppliserenade oder d Ueli-Stuubede – die nicht unbedingt in die Vorfasnachtszeit fallen muss, sondern die auch mal im Herbst bei Sir Francis in der Uelistube von der kleinen Bühne stüblen darf.

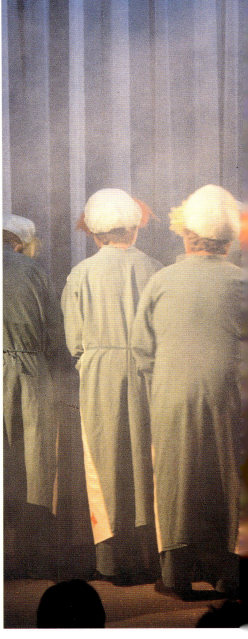

R wie Requisit

Requisit – das Zugsrequisit ist meistens – modernen Skulpturen nicht unähnlich – ein Stück Sujetgeschichte, die der Vortrabs- oder Requisitenchef in vielen Arbeitsstunden auf einem Karren zusammenkomponiert hat. Und nun stolz im Zug mitzieht. Requisiten tragen aber auch alle Masken, die intrigieren, vor allem aber Guggemuusiger an ihrem Instrument. Es sind kleine Gags – funkelnde Pointen, die das Gewürz der Fasnacht ausmachen.

Rädäbäng – so heisst der offizielle Fasnachtsführer, in dem alle Züge, die sich beim Comité für die Fasnacht angemeldet haben, aufgelistet sind. Die Eintragungen sind jeweils so verschlüsselt, dass man sie nicht versteht, bis man den Zug dann selber vor Augen hat ...

Route – immer wieder heiss diskutiert und von «Routenkomissionen» neu erfunden. Das Gelbe vom Ei gibt's einfach nicht, weil die Route für all die vielen offiziellen Fasnachtseinheiten zu klein ist. Vor zwei Jahren gab man am Fasnachtsmittwoch die Route frei – das Resultat war ein Stau wie noch nie ...

Rytter – immer weniger Cliquen führen ihren Zug mit den Vorreitern an. Viele haben aus tierschützerischen Gründen von der «Voorrytterei» Abstand genommen, andere glauben, dass die Fasnacht hoch zu Ross gefährlich sein könnte (für Reiter und Publikum). Von all dem abgesehen, gibt es nichts Gravitätischeres als so ein Harst von Vorreitern, der die Clique ankündigt und dem Stammverein Platz und Respekt verschafft ...
PS: Es gibt Vorträbler, die sich ein Holz- oder Stoffross anhängen. Man nennt dies «Junteressli». Das Ganze ist ein grossartiger Pferdeersatz ...

Ruesse – anderes Wort für Trommeln. Für Schnarchen. Und für Liebemachen.

Rahmestiggli – so nennt man die kleinen Sketches, die an den Vorfasnachtsveranstaltungen über die Bühne gehen. Ihre Qualität ist oft unterschiedlich. Alte Basler behaupten gerne: «Friener sinn die Rähme besser gsi.» Hört man sich dann aber solche Stiggli auf den alten Fasnachtsplatten an, wird jeder vom Gegenteil überzeugt. Vermutlich sind Rahmestiggli im Zeitalter von Zombie-Filmen und «Pornostreifen nach Mitternacht» ein Anachronismus ...

Ruggeladäärne – schon vor dem Jahrzehnt des Rucksäckleins waren diese Art von Rückenlaternen, die da am Moorgestraich vom Buckel flimmern, eine gute Lösung für kleine Ziigli, die keine Steckenlampen-Träger zusammentrommeln konnten ...

Räppli – wir werfen ein Handvoll in die Luft – schon tanzen uns Tausende von bunten Erinnerungen aufs Papier. Als Kinder haben wir sie noch selber fabriziert. Mit Vaters altem Büro-Locher. Und sparsam haben wir die Zuschauer am Fasnachtsmontag damit berieselt. Später haben wir die mühevoll gestanzten Zeitungs-Rundummeli wieder vom Boden aufgelesen, bis die Regierung zu Hause dahinterkam. Dann kauften sie uns eine Gugge voll. Eine für fünf Kinder – so lernten wir jedes einzelne Räppli schätzen. Räppli, oft auch «Konfetti» genannt, was «gute» Basler jedoch als «nit fein» abtun. Mit Konfetti meint man die Papierbatzen, die da tonnenweise von den Wagen über die Zuschauer geworfen werden. Am Fasnachtsdonnerstag morgens um vier Uhr werden die Räppliberge von riesigen Strassenputzmaschinen abgetragen. Das Bild der Reinigungs-Dinosaurier bringt dem Fasnächtler den absoluten Cafard – aber irgendwann an einem der heissesten Julitage funkelt vor der Haustüre in einer Strassenritze so ein vergessenes Räppli. Und erinnert im Sommer daran: die nächste Fasnacht kommt bestimmt ...

Räppliserenade – Konzert der «Harlekin» zur Vorfasnachtszeit – vollgespickt mit fasnachtsmusikalischen Höhepunkten, Fingerbrechern und WUAs (Welturaufführungen).

Rätsche – Lärminstrument aus Holz und Span. Aber auch Klatschspalte an den Fasnachtstagen.

R *wie*
Requisit

Das Requisit wird im Cliquenzug mitgeführt und ebenfalls mit der Laterne zur Laternen-Ausstellung auf den Münsterplatz gebracht. Von den Fasnächtlern und dem Publikum wird dem Requisit grosse Beachtung geschenkt, vor allem, wenn im Innern des Requisits noch «Wysse» vorhanden ist. Das Requisit hat verschiedene Funktionen, es dient auch zur Zeedelaufbewahrung und soll das ausgespielte Sujet verstärken. Zürich war bereits an der Fasnacht 1992 im Gerede, also vor dem berühmten Bööggesturz im Beisein der Basler Ehrengäste am Sechseläuten 1993. Ein Elefant auf Safari, 1988 vor dem Münster entdeckt. Käschperlitheater im Schnee 1986 unterwegs. Unterwegs sind auch mit viel Liebe selbstgebastelte Requisiten im Vortrab.

S wie Stäggeladäärne

Stäggeladäärne – sie leuchten dem Cliquenzug voran. Die Vorträbler tragen d Stäggeladäärne, die zumeist von Cliquenkünstlern gemalt worden sind und das Cliquensignet sowie den Cliquennamen zeigen, durch die Nacht. Viele Stäggeladäärne werden noch mit Kerzenlicht beleuchtet.

Sujet – das Thema der Persiflage. Die Clique spielt ein Sujet aus, ein Ereignis aus dem alltäglichen oder politischen Leben. Das Sujet spiegelt sich auf der Ladäärne, im Zeedel, im Gosdyym und im Requisit. Es wird an einer Sujetsitzung von der Sujetkommission festgelegt.

Stroossefasnacht – der ganze aktive Fasnachtszauber, der auf der Strasse abrollt. Bis vor dem Krieg wurde die aktive Strassenfasnacht dem «Plebs» überlassen – Frauen und das vornehmere Basel haben sich vorwiegend an den Fasnachtsbällen vergnügt. Erst nach dem Zweiten Weltkrieg hat sich die Fasnacht total auf die Strasse verlagert …

Stamm – besser: Stammverein. Diese grossen Stammcliquen sind die eigentlichen Traditionsträger der Fasnacht. Sie laufen, offiziell beim Comité angemeldet, auf der Route. Und sie sind insbesondere um den Nachwuchs bemüht. Die Stammvereine haben hier eine wichtige Funktion, indem sie Kinder und Junge in die Fasnacht einführen. Für Binggis, die gerne trommeln oder pfeifen lernen möchten, sind diese Stammvereine mit den «Binggis» und «Jungi-Garde»-Sektionen ideal. Nur wer als Kind unter den Fittichen und im begleitenden Schutz eines «Stamms» in der Fasnachtswelt aufwächst, wird Fasnacht und seine Cliquentradition richtig begreifen können. Überdies gibt's kein schöneres Gefühl für die «Jungen», als am Moorgestraich oder Mittwochabend mit dem «Stamm» gemeinsam durch die Strassen zu ruessen … In den «Stamm» wechselt man von der Jungen Garde dann mit 18 Jahren. Später verlässt man den gigantischen Stamm, um in der Alten Garde wieder etwas leiser zu treten (zu pfeifen … zu trommeln …).

Schyssdräggziigli – so nennt man eine kleine, bunt zusammengewürfelte Formation von Trommlern und Pfeifern, die unorganisiert durch die Strassen zieht. Schyssdräggziigli sind der Inbegriff der «freien, wilden» Fasnacht und werden deshalb von den Fasnachtspoeten auch immer wieder besungen …

Schnitzelbangg – siehe Ei du scheene … Formation oder Ainzelmassge, die mit pointierten Versen und entsprechenden Zeichnungen zu einer Melodie die Skandale des vergangenen Jahres aufs Korn nimmt.

Schlussoobe – immer am Samstag nach Fasnacht treffen sich die Schnitzelbänggler zum «Schlussoobe». Der berühmteste, derjenige der Comité-Bängg, findet jeweils im Theater statt. Am «Schlussoobe» werden jubilierende Bängg geehrt – die Laudationes sowie die Begrüssungsrede mit den Schüttelreimen von Dieter Moor und Megge Afflerbach (ehemals Standpauke) gehören seit Jahren zu den Höhepunkten des Anlasses.

Schrängge – mit dem Trommelseil wird der Trommelreifen «gschränggt» oder «gspannt», auf dass der Kübel einen satten Ton vom Fell gibt …

Schlissel – beliebter Fasnachtstreffpunkt im «Bermuda-Dreieck» Löwenzorn … Drei Könige … Hotel Basel … Schlüsselzunft. Im «Schlissel» kehren die meisten Fasnächtler ein – und lümmeln gegen den frühen Morgen auf der Schlisselstääge, um zu sehen. Und gesehen zu werden.

Ständeli – bringen Gugge wie auch Trommler und Pfeifer an Hochzeiten oder Geburtstagen ihren verdienten Mitgliedern. Man belohnt die Clique mit zwei, drei Schlugg Wysse und einem Batzen für die Kasse.

Schänggeli – Fettgebäck, das früher insbesondere beim Laternen-Abholen zu Weisswein gereicht wurde. Heute wird es oft durch d Sunnereedli, ein salziges, fastenwähenartiges Apéro-Gebäck des Kleinbasler Bäckermeisters Schneider, abgelöst.

S *wie* Stäggeladäärne

D Stäggeladäärne sind meistens mit dem Cliquennamen und -signet versehen und dienen in erster Linie dem Vortrab zur Freihaltung der Route für die nachfolgenden Trommler und Pfeifer. Die Steckenlaternen werden, im Gegensatz zur grossen Laterne, nicht jedes Jahr neu bemalt. Vor allem am Drummeli, dem Basler Monstre-Trommel-Konzert, haben die Steckenlaternen zusammen mit ihrer Clique den grossen Auftritt. Steckenlaternen sind immer beliebt, sei es als Dekoration bei Bühnenauftritten oder als Verschönerung bei originellen Fahruntersätzen.

S 228

T *wie* Tambourmajor

Tambourmajor – ob in der Gugge oder bei den Trommlern und Pfeifern: der «Meier» (wie er oft auch genannt wird) gibt in der Clique Ton und Takt an. Tambourmajor ist stets auch eine Ehrensache – allerdings eine schwerbelastende Ehre, die man oft teuer berappt. Ein Tambourmajor-Kopf wiegt nämlich schwer (bis zu 20 Kilo!). Und kostet viel (bis zu 2000 Franken). Auch das Kostüm des Tambourmajors muss von spezieller Pracht und Ausdruckskraft sein – kurz: der Tambourmajor ist neben der Laterne das Prunkstück der Clique. Und wird entsprechend dann auch von einem der Comité-Männer mit der silbernen Zugsblaggedde sowie einem Bluememaie mit Syydelätsch geehrt. Den schönsten Moment erlebt der Tambourmajor, wenn er unter dem Larvenkopf den «Moorgestraich» ansagen darf. Und später, wenn er beim Cliquenbummel an der Freienstrasse ohne die Larve links und rechts mit seinem silbernen Tambourmajorenstock tout Bâle die Reverenz erweisen kann …

Tambouren – vornehmeres Wort für Trommler. Bei Frauen oft in «Tambüüse» verwandelt …

Trommelschulen – nach der Fasnacht kann man Buben und Mädchen in die Trommelschule anmelden. Hier werden ihnen die «Mamme-Babbe»-Streiche auf dem Beggli beigebracht. Es ist wichtig, dass man früh als Tambour mit der Schule beginnt – nur wer die Wirbel jung ins Handgelenk eingetrichtert bekommt, wird ein Spitzentambour. Es gibt immer wieder ältere Männer und Frauen, die noch trommeln lernen wollen. Können sie. Aber Spitze wird man im Alter nicht mehr …

Tanz – findet an den Fasnachtstagen nur selten statt. Natürlich wird im «Drei Könige», in der «Heeli» oder in der «Saffre» mitunter geschwooft. Aber der eigentliche Tanz findet draussen auf der Strasse statt …

Tradition – hört man immer wieder. Aber *was* ist an der Fasnacht eigentlich Tradition? Die Fasnacht ist mit ihren kaum 100 Jahren in der heutigen Form noch nicht sehr traditionsreich. Allerdings wird in der jetzigen, kurzlebigen Zeit etwas, das sich zum dritten Mal wiederholt, in Basel gerne sofort als «uralti Tradition» bezeichnet …

Toleranz – sicher das Wichtigste an, um und in der Fasnacht. Bereits in der Clique wird Toleranz geübt – wir müssen als Fasnächtler lernen, die andern Ansichten zu tolerieren. Andere Fasnachts-Auffassungen zu akzeptieren – und miteinander in Toleranz zu leben. Etwas, das nicht nur auf die drei Fasnachtstage beschränkt sein sollte …

Trääne – gibt es an einer Fasnacht oft mehr als Lachen. Die Basler Fasnacht hat immer wieder einen wehmütigen Ton. Und wird oft mit Weihnachten verglichen. Unter der Larve spult während eines Marsches oft der Film der Vergangenheit ab. Man denkt an die Verstorbenen, überdenkt sein Leben – und spürt plötzlich eine salzige Träne auf der Zunge …

Trance – überfällt einen leicht, wenn man hinter einer Clique, die da in Molltönen durch die Gassen zieht, hermarschiert. Auch Gugge-Fans fallen bei den dumpfen Paukenschlägen immer wieder in ein Trancebad der Seligkeit …

Trämli – immer noch bestes Fortbewegungsmittel zum Moorgestraich. Am Mittag wird die Innerstadt dann allerdings für den Tramverkehr gesperrt. Das Trämli ist auch einer der zeitlosen immer wiederkehrenden Sujetrenner und wurde vom Anggebliemli mit dem legendären Trämli-Väärs «Trämli … Trämli … uff di wart i nämli …» für immer auf wunderbare Fasnachtsart verewigt …

T *wie* Tambourmajor

Die erste Frau wurde im Jahr 1950 bei den «Abverheyte» zur Tambourmajorin gewählt. In der Folge war sie dann auch die einzige Frau am Tambourmajor-Meeli. Tambourmajore gehen in ihrem eigenen Schritt zwischen den Trommlern und Pfeifern und geben den Ton an. Ein Tambourmajor muss also nicht nur marschtüchtig sein, sondern auch das musikalische Repertoire der Clique aus dem Effeff kennen. Sein wichtigstes Requisit ist der Tambourmajorstock. Markante Gesichter wie Kurt Furgler, Alt-Bundesrat (1987), Generäle, Philippe Lévy, Ex-Mubadirektor (1994), oder ein Zürileu (1994) als Hinweis auf den Böögg, der gestürzt war, sind als Tambourmajorsköpfe sehr willkommen.

T 238

U wie Uusstellig

Uusstellig – wenn man an der Fasnacht von «Uusstellig» redet, meinen alle «d Lampe-» oder «d Ladäärne-Uusstellig». Sie ist zweifellos ein Gutzi-Moment der drei Tage. Und keinesfalls zu verpassen. Auf dem Münsterplatz stehen alle «Laternen-Kinder» dieser Fasnacht zusammen. Selbst die wilden Cliquen bringen zum Teil ihre kleinen Kunstwerklein, auf dass die Leute sie bestaunen und würdigen können. Die neue Ladäärne-Uusstellig zu Füssen des Münsters bringt viel Arbeit für das Comité mit sich. Und auch viele Fragezeichen sowie Vorbereitungen – denn es kann schon mal vorkommen, dass heftige Windböen die kostbaren Lampen ins Schwanken bringen. Oder gar davonwehen. Deshalb müssen diese gut verankert und die Wetter-Situation immer wieder beobachtet werden. Inmitten der Fasnachtslaternen lässt sich der Jahrgang am besten beurteilen – hier, zwischen den Lampen der Stammvereine und Binggis, zieht vor den Augen des Betrachters noch einmal das Basler Jahr vorbei. Und hier, Seitenwand an Seitenwand, spürt man den Witz, aber auch den Ärger und die Wut der Basler. Es gibt nichts Köstlicheres, als ein paar Stunden die einzelnen Lampeväärs zu geniessen. Es sind witzige, pointierte Kostbarkeiten – in Zweizeilern versucht der Bebbi seinem Frust Luft zu machen. Und hier ahnt man dann auch, was Fasnacht sein sollte und wieder werden muss: das Ventil, wo man Luft ablassen und Missstände anprangern kann. D Ladäärne-Uusstellig sollte nicht einfach zur «Flatterie» von tout Bâle und zur Portrait-Galerie werden. Nein. Laternen, ja die Fasnacht überhaupt muss wieder mehr Biss bekommen – und darf ruhig auch mal gallig bitter sein. Wer d Ladäärne-Uusstellig dann nachts besucht, ist total hingerissen von diesem ureigenen Stimmungsbild der funkelnden Lampen. Wenn der Umzug von der Mustermessehalle zum Münsterplatz auch Mehrarbeit mit sich gebracht hat: Es lohnt sich. Denn d Ladäärne-Uusstellig ist heute, nach wenigen Jahren unter den Münstertürmen, zu einem der funkelndsten Fasnachtsmomente geworden …

Umzug – das Wort ist an der Basler Fasnacht verpönt. Der Umzug findet am Zürcher Sechseläuten statt. Bei uns heisst's «Cortège». Oder noch urbaslerischer: «Me goht go d Ziig aaluege» …

Umgängli – so sagt man einem kurzen «Herumtrommeln oder -pfeifen» während eines Baizenhalts. Ein paar Unentwegte finden sich zusammen – und gässle rasch mal drei, vier Märsche zusammen, während die andern in der Baiz einen Schluck zu sich nehmen.

Uuse! – Die herrlichsten Fasnachtsmomente finden natürlich «dusse» statt. Deshalb hört man in den Baizen auch immer wieder den Ruf: «Uuse!» Viele Fasnächtler bleiben während eines Baizenhalts draussen, um sich die andern Züge und Cliquen anzuschauen. Tatsächlich sieht der aktive Fasnächtler nicht sonderlich viel von der übrigen Fasnacht. Und schnappt nun während dieser kurzen Aufenthalte vor der Baiz einige Momente «dusse» auf …

Ueli – klassische Fasnachtsfigur. Mit seinen stets zimbelnden Messinggleggli und den beiden Stoffhörnern erinnert er an den Narr an früheren Königshöfen. Der Ueli ist zweifellos eine der beliebtesten Fasnachts-Gestalten unter den Aktiven. Ihm zu Ehren gibt's einen Trommelmarsch sowie eine berühmte Tambouren-Gruppe, aber auch ein Kleinbasler Bier, das in der kleinsten Brauerei Europas (Fischerstube) unter der Regie eines bekannten Basler Röntgenarztes gebraut wird.

Uelistuubede – unkompliziertes, urgemütliches Vor- oder Nachfasnachts-Baize-Cabaret bei Sir Francis in der Uelistuube. Wird seit einigen Jahren sporadisch durchgeführt und basiert zumeist auf Insider-Pointen …

U *wie* Uusstellig

Die erste Laternenausstellung war 1906 im Hof des Steinenschulhauses an der Theaterstrasse. Erst 1946 dislozierte sie in die Hallen der Mustermesse. Wegen Terminkollision mit der Muba fand dann erstmals im Jahre 1987 die Laternenausstellung mit über 200 Laternen auf dem Münsterplatz statt und wurde von der Bevölkerung bei strahlendem Wetter und vor schönster Kulisse begeistert aufgenommen. Keine Laternenausstellung hatte bis anhin so viel Publikumszustrom wie die auf dem Münsterplatz. Der Grund war bestimmt nicht allein beim «freien Eintritt» zu suchen. Trotz möglichen Witterungsschwierigkeiten beschloss dann das Fasnachts-Comité, auch für die kommenden Jahre beim Open air zu bleiben.

V wie Voordraab

Voordraab – bedeutet für die meisten Fasnächtler: ein Jahr «nicht aktiv» mittrommeln oder mitpfeifen zu können. Also trabt man vorne mit. Und verteilt Zeedel. Der richtige Voordrääbler jedoch sieht in dieser Art von Fasnacht seine Berufung. Und sein wahres Glück. (Wäre höchste Zeit, zu seinen Ehren mal einen Cliquenmarsch, «dr Voordrääbler», komponieren zu lassen …)

Voordrääbler – sie sind die ganz grossen Stützen jedes Zugs. Sie schauen, dass beim grossen Gedränge die Trommel- und Pfeiferprimadonnen ungestört vorbeiparadieren können. Sie bewachen während des Baize-Halts die Steckenlaternen, Requisiten und Larvenköpfe. Und sie sind es auch, die immer wieder das kleine Detail am Gosdyym pflegen … den Binggis am Cortège-Rand ein Dääfeli zustecken … und am Freitag nach den drei Fasnachtstagen den Cliquenkeller aufputzen.
Voordrääbler sind meistens stille Träumer mit einer zünftigen Portion Ironie. In den Cliquen werden sie kaum zur Kenntnis genommen, traben da ihr Schattendasein. Und werden etwas seltsam angeschaut, wenn sie an einem Cliquenhock auftauchen. Und schweigsam am Stammtisch ihr Bierlein nuggeln.
Dennoch – gerade die Voordrääbler sind die eigentliche Ouverture des Cliquenzugs. Sie verteilen d Zeedel, an deren Kopf und Signet jeder sofort erkennen kann, welche Clique nun antrabt. Und sie bereiten den Trommlern und Pfeifern, die hinter ihnen herjubilieren, mit stillem Lächeln unter der Larve den roten Teppich aus.

Voorrytter – bei den Stammvereinen werden seltener. Um so mehr werden sie von Fasnächtlern und Publikum geschätzt (siehe auch Rytter).

Vieri – die Zahl «4» hat bei jedem Fasnächtler eine magische Wirkung: um vier Uhr morgens beginnt der Spuk. 72 Stunden später hört er mit dem Wettstaimaarsch oder einer letzten «Daagwach» auf. Vieri. Alle Fasnachtsgeschichten bekennen sich zu dem Satz: «Bitterkalte Nacht. Der Märt überbrodelt im Fasnachtsfieber. Da – viermal tönt die Glocke vom Rathaus: Vieri!» Augenwasser und seliger Schüttelfrost.

Väärsli – es sind die Zwei- oder Vierzeiler auf den Laternen (Ladäärneväärs), die wie Steckenraketlein zum Himmel zünden. Und oft den eigentlichen Fasnachtswitz – bissig und pointiert – verkörpern.

Veiedli – eigentlich Veilchen. Sie werden als Maieli von den Chaisen verteilt. Und als zuckersüsse Dääfeli von den Alten Tanten aus den Ryydigylls gefischt …

Verbott – vieles ist an der Fasnacht nicht gerne gesehen. Und verpönt. So tun sich die Basler an den drei Tagen mit fremden Dialekten schwer. Und nehmen alles Nichtbaslerische gerne aufs Korn. Zu den schwerwiegendsten Fasnachtsverboten gehören Halblärvli, Plastiknasen und geschminkte Gesichter. Überdies werden aktive Fasnächtler die 72 Stunden ganz für ihre Fasnachtsseligkeit brauchen, Aventuren oder gar Seitensprünge total ausklammern. Amoureuse Fasnachten sind verpönt (am styffe Donnschtig – am Donnerstag nach dem Moorgestraich also – wird nachgeholt …). Verpönt ist auch die sogenannte «Fleischschau». Nackte Haut wird an einer Basler Fasnacht nicht gezeigt, sondern – im Gegensatz zum Fasching oder Carnevale – total vermummt. Ein offizielles «Trommel-Verbot» gibt überdies immer drei Wochen vor dem Moorgestraich auf den Plakatwänden an, wo man zu welcher Zeit nicht ruessen sollte.
Ansonsten? Verboten ist eigentlich nichts – nur vieles ungern toleriert …

Vogel Gryff – grösstes Kleinbasler Fest der drei Ehrengesellschaften. Hat mit Fasnacht nichts zu tun, obwohl man früher mit dem Vogel Gryff auch den Auftakt der Fasnacht gleichgesetzt hat … Vogel Gryff findet stets am 13., 20. oder 27. Januar (so das Datum auf einen Sonntag fällt, einen Tag früher) je nach vorsitzender Ehrengesellschaft statt.

Voorfraid – das Allergrösste der Fasnacht. Mit dausig Fraide der Fasnacht entgegen.

V *wie* Voordraab

Der Voordrääbler hat vielseitige Aufgaben zu erfüllen: Zeedel verteilen, Requisit ziehen, manchmal auch Mithelfen beim Laternenziehen oder Bewachen der Laterne und der Larven beim Halten vor der Baiz. Kinder werden gerne im Vortrab integriert. Besonders in Frauencliquen haben Kinder der Pfeiferinnen ihren festen Platz im Vortrab, und da darf es auch einmal ein «Er» sein. Kinder lockern optisch das Cliquenbild auf und lernen schon früh, was Fasnacht heisst und ist. Vortrab kommt von Vortraben hoch zu Ross. Früher hatten praktisch alle Stammvereine Voorrytter. Heute leisten sich immer weniger Fasnachtsgesellschaften diesen Luxus. Am Spalenberg Voorrytter der Basler Mittwoch-Gesellschaft mit dem Sujet 1994: «Mani pulite – oder s lauft wie gschmiirt. Die drey uff de Ross gsehn, heeren und sage nyt ...»

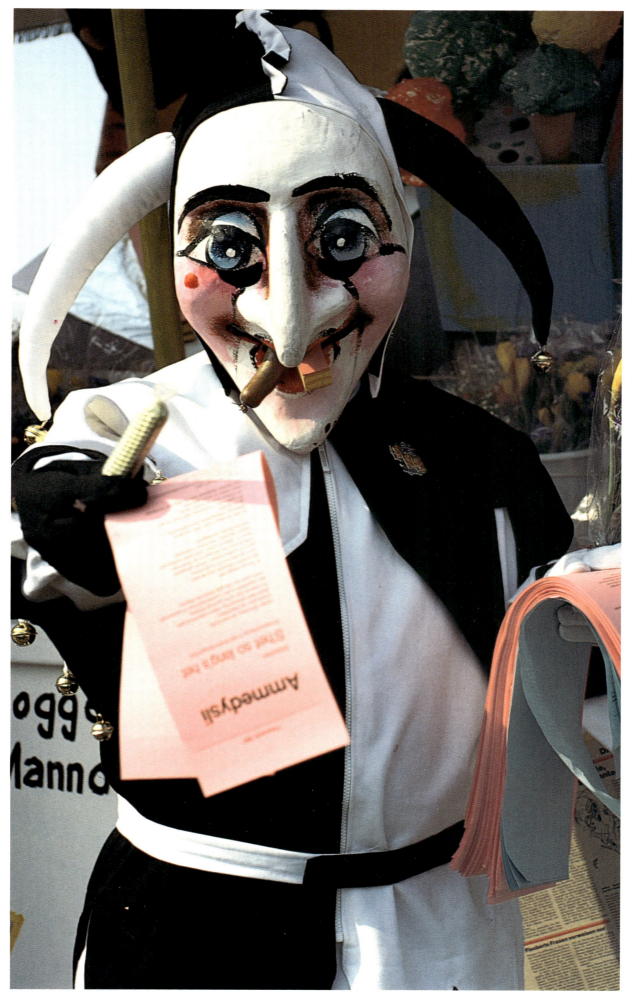

W wie Wääge

Wääge – die grossen Sorgenkinder unserer Fasnacht. Denn es werden mehr. Und mehr. Und mehr ...
Dennoch – niemand kann das Gegenteil behaupten – erfreuen sich gerade d Wääge und Wäägeler bei den Leuten am Strassenrand besonderer Beliebtheit. Alles wartet auf die Dääfeli, Mimosen und Orangen, die's von den Waggiswagen regnet. Und jedermann schaut nach dem dritten Cliquenzug gierig wieder nach hinten, ob da bald wieder ein Wagen ansuttert.
D Wääge waren früher ein Bestandteil des Cliquenzugs (und sind's in ein paar Stammvereinen noch heute). Erst in den 60er und 70er Jahren kam hier der Boom. Und jedermann, jedefrau wollte die Fasnacht einmal auf einem Wagen abspulen. So wurden es bald einmal über 100 Wageneinheiten – und heute sind's so viele, dass das Comité für die Fasnacht 1994 einen Ukas herausgab, man könne keine neuen Wagen mehr aufnehmen. Diese würden nämlich die Route verstopfen.
Dennoch – dass gerade d Wäägeler zu den schaffigsten Fasnächtlern überhaupt gehören, haben sie mit ihrem Einsatz am Ändstraich oder mit ganz ausserordentlich einfallsreichen Wagen immer wieder bewiesen. Und dass hier ebenfalls ein sehr feiner Witz gepflegt wird, zeigen jedes Jahr einige der Waagenzeedel aufs neue.
Natürlich gibt's auch diejenigen, die junge Mädchen mit Räppli stopfen und Fasnacht mit «Anbackern» verwechseln – aber solche müden Machos muss man an der Fasnacht nicht nur auf den Wagen suchen. Sie geistern überall herum.

Waggis – beliebteste, männliche Fasnachtsfigur. Das Wort kommt vom elsässischen «Wagge», dem früheren Wegbauer. Der Waggis ist also ein Synonym für unsern französischen Nachbarn. Entsprechend sollte er auch immer ein Garnnetzlein mit «Gääleriewle, Kehl un Ziiwele» bei sich tragen. Überdies müsste er eigentlich sein Haar unter dem weissen, baumwollenen Waggis-Zipfelkäppli verstecken. Aber nichts da – die Waggisfigur hat sich in den letzten 30 Jahren stark verändert: Nasen und Perücken sind ins Unermessliche gewachsen – die Kunst des fröhlichen Intrigierens, die man beim Waggis automatisch erwartet, hat parallel dazu abgenommen. Lediglich die Holzschuhe von einst sind dieselben geblieben. Und klappern noch immer fröhlich, wenn da eine Horde von Basler Waggissen im Anmarsch ist ...

Wenns am Määntig vieri schloot – so heisst eine Beilage der heutigen Basler Zeitung, die bereits seit über einem halben Jahrhundert (früher in der National-Zeitung) am Samstag vor dem Moorgestraich beigelegt wird. Und die Bebbi in der schlaflosen Nacht auf den Moorgestraich unterhalten soll. Das Titelbild dazu haben schon Künstler wie Tinguely, Luginbühl, Eva Aeppli, César, Berrocal, Jim Whiting, Hofkunst und viele mehr kreiert. Renner der Beilage ist immer wieder eine neue «Hüülgschicht» von Meier III ...

Wecker – absolut wichtiges Requisit für den Moorgestraich. Obwohl ja doch kein Bebbi in der Nacht auf den Vier-Uhr-Schlag ein Auge zudrückt, werden in Basel gut 100 000 Wecker gestellt. Irgendwie gehört das Rattern dann zwei oder eine Stunde vor dem Moorgestraich dazu. Es erlöst einen aus einer schlaflosen Nacht ...

Wysse – gemeint ist: Weisswein. Wohl beliebtester Tropfen an der Fasnacht. Doch wehe, wenn sich ein Wirt erlaubt, die Preise zu hoch anzusetzen – er wird das ganze Jahr hindurch von den Fasnächtlern boykottiert.
PS: Für Pfeifer ist der Weisswein besonders wichtig. Er «ölt» den «Aasatz». Es gibt solche, die nehmen dazu Zitronenschnitze – hat aber nicht dieselbe Wirkung ...

Wysswyywulgge – das Parfum, das den Fasnächtler auf dem Heimweg, in der dunklen Nacht, umgibt.

W wie
Wääge

Wääge und Wäägeler sind Publikumslieblinge. Die Wagen beherbergen Tonnen von Fasnachtsorangen, Dääfeli, Mimosen und anderen Wurfgeschossen. Jeder Stammverein hatte einst seinen Wagen im Zug. Die Cliquenwagen unterstrichen das Sujet und waren auch für ältere, nicht mehr so marschtüchtige Cliquenmitglieder gedacht. Die Waggiswagen, die früher meist nur mit Stroh verkleidet waren, werden von Jahr zu Jahr phantasievoller. Die älteste Wagen-Clique ist die «Güete Bonjour-Clique», die seit 1939 jährlich mit 12 Waggis und einem der schönsten und originellsten Waggiswagen an den Cortège kommt. Die Wagenanzahl am Cortège ist von 1984 mit 97 Wagen innert 10 Jahren auf 121 gestiegen. Da keine Wagen die im Bau begriffene Wettsteinbrücke während der Fasnacht 1994 passieren durften, mussten alle Wagen die «äussere Route» unter die Räder nehmen. Aus Solidarität mit den Wäägeler stiegen kurzerhand Trommler und Pfeifer als Waggisse auf einen Wagen um.

W 274

X wie X-beliebig

X-beliebig – kann nicht jeder Fasnacht machen. Immer wieder kommt einer vorbei, der meckert: «Dasch *nit* Fasnacht. Das macht *me* nit!» Fragt man ihn aber, *was* denn eigentlich Fasnacht sei, weiss er's meistens auch nicht. Keiner kann hier am Rheinknie genau definieren, was Fasnacht ist. Ganz einfach – weil's für jeden von uns etwas anderes bedeutet. Und für jeden von uns wieder etwas Neues, Wichtiges bringt. – Sicher ist lediglich, dass man dem Basler punkto Fasnacht kein X für ein U vormachen kann.

X-stimmig – hört man in der Innerstadt auch immer wieder Piccolo- und Trommelklänge. Nicht alle Bebbi schätzen das. Schon gar nicht diejenigen, die in der Innerstadt neben einem der unzähligen Cliquenkeller wohnen. Denn das Trommeln (nach der Fasnacht wieder etwas erträglicher auf dem «Beggli») und das Pfeifen hört nie auf. In Basel wird 365 Tage nonstop geblasen und geruesst. Und es gibt wohl nichts Enervierenderes als diesen Arabi, der dem Piccolo-Schüler einfach nicht von den Lippen rollen will. Und die Läufe hundertmal falsch herausscheppert …

X-dausigmool – wird auch das Imbergässli an der Fasnacht fotografiert. Man hält dieses Zaubergässli, das nicht etwa nach den Imkern, sondern nach dem Ingwer-Gewürz genannt worden ist, für das stimmungsvollste Zelluloid-Projekt. Aber nicht etwa aus diesem Grund hat sich das Fasnachts-Comité das Imbergässli als Standort ausgesucht – nein. Die Comité-Herren haben sich gesagt: «Das Imbergässli ist im Herzen der Stadt. Das Comité im Herzen der Fasnacht. Und eben deshalb ziehen wir dorthin …»

X-mool – fragen sich auch die ausländischen Besucher, die an der Fasnacht beim «Trois Rois» vorfahren, was denn die drei seltsamen Figuren über dem Eingang sollen. Es sind die drei Könige, die vor dem Moorgestraich in die «drei Waggis» verkleidet werden. Und die Fasnachts-Saison im ältesten Hotel am Rhein eröffnen.

X-fach – werden Cliquen während der Fasnacht in private Haushaltungen eingeladen. Man offeriert gerne einen Schluck «Wysse». Ein paar Silserli oder Fasnachtskiechli. Und eine warme Stuube. Dafür wird dann von der Pfeifer-Gruppe ein Ständeli als «Danggerscheen» erwartet …
PS: Die Gastgeber brauchen nicht lange zu bitten – man produziert sich gerne. Und gerne ohne Larve …

X-farbig – begegnet man in Basel den Tambour- und Pfeifer-Bildern, wie etwa beim Ratshaus-Känzeli. Am «Pfyfferhuus» an der Austrasse. Oder dann gar als «Tambüürli»- oder Piccolo-Reklame auf dem Bierfläschlein.

X-hundertmool – zieren Fasnachtsfiguren Buffets und Schreibtische. Waggis, Blätzlibajass und Harlekine werden in Keramik gebrannt. Und als Anerkennung für Cliquen-Verdienste an runden Geburtstagen übergeben.
Tip: Wer sie nicht mag, kann sie an den nächsten Bazar bringen. Oder aus Versehen fallenlassen …

X-dausig – Sachen-Sächeli kann man im Ortsmuseum von Binningen bewundern. Der Fasnachtsteil wurde aus privater Initiative von Ruth Eidenbenz-Tschudin eröffnet. Und gibt uns besonders punkto Larven einen grossartigen geschichtlichen Überblick über die Entwicklung der Basler «Fasnachtsköpfe» während der letzten Jahrzehnte …

X-bluemig – kann ein Fasnachtsgosdyym sein. Man lasse das Sujet beiseite, suche ganz einfach ein paar Stoffresten im Ausverkauf und schnaigge nach den billigsten Restposten. Man nehme ein altes Nachthemd oder einen alten Rock, der nicht mehr gebraucht wird, schnurpfe darauf die Stoffresten – vielleicht gerüscht, vielleicht als Bändel, vielleicht auch in lange, rechteckige Blätzli geschnitten. Der Farbenrausch kommt bei diesen eigenen Farbkompositionen von selbst, und das Fasnachtsfieber steigt unweigerlich, besonders wenn man zu dieser Vorfasnachtsarbeit noch einige weitere Aagfrässeni einladet.

X *wie* X-beliebig

X-beliebige zauberhafte Fasnachtsmomente in unserer Stadt erinnern an die drei schönsten Tage im Jahr: am Drummeli 1992, New York mit Freiheitsstatue als Tambourmajor. Am Rathaus Stadtpfeifer 1901 gemalt, Trommler und Pfeifer befinden sich am Balkon oberhalb des Eingangs zum Polizeiposten am Marktplatz. Im Imbergässli, Sitz des Fasnachtscomités. Am Hotel Drei Könige während der Fasnacht die «Drei Waggis». Am Claraplatz, Stuubede für eine Clique im Engelparadies des Kunstmalers Jvan Grill. Im diefschte Glaibasel, Fasnachtsfiguren im Atelier Chappallaz an der Erlenstrasse. Im Ortsmuseum Binningen, Larvenausstellung im Fasnachts-Estrich.

Y wie Yystoo

Yystoo! – Diesen Ruf hört man an der Fasnacht immer wieder. Man hockt gemütlich in einer Baiz. Schon trillert da eine schrille Pfeife. Und der Tambourmajor brüllt: «Yyyyyystoo!» Trommler, Pfeifer oder Guggemuusiger gehen dann langsam hinaus auf die Strasse. Formieren sich. Und marschieren ab. Einige seufzen unter der Larve: «Also, das ist ja wie beim Militär ... immer, wenn man mal gemütlich zusammenhöckelt, geht diese Pfeife los ... und wo der Noldi und das Bethli auch gerade in der Baiz herumgehangen haben ... stets muss man yystoo, wenn's nett wird ... dabei war's drinnen so schön warm. Und hier friert man sich die Finger blau. Überhaupt ...» Es sind solche Gedanken, welche zur Revolution aufrufen. Und zu kleinen Fasnachts-Schyssdräggziigli mit dem bestechenden Plus führen: «Also bei uns haben alle an einem Tisch Platz ... und es gibt kein Yystoo ... wer länger höckeln will, kann bleiben. Und beim übernächsten Halt wieder zu uns stossen.»

«Yystoo!» – das brüllt der «Meier» mit dem Schrillertrillerton zumeist bei Stammvereinen. Und grossen Cliquen. Ist die Clique dann endlich eingestanden («Wo isch s Anni?» ... «S het no rasch miese ... Und si stehn Schlange!» ... «Jä hätt si denn nit vorhäär kenne goo ...?»), tönt's wunderschön voll harmonisch. Und eben so, wie nur ein Stammverein losdonnern kann ...

Ypfyffe – man versteht das Ladäärne-Abhoole am Sonntag vor dem Moorgestraich darunter (ein Highlight für jeden Fasnächtler). Oder dann pfeifen sich die Piccoloprimadonnen vor dem grossen Auftritt am Bryspfyffe im «Pfyfferstübli» yy, damit die Töne dann, wenn's drauf ankommt, wie geölt vom Schreiholz perlen ...

Yyladige – hagelt's an einer Fasnacht. Alle und jeder ladet seit den letzten 20 Jahren eine Clique zu sich nach Hause ein. «Stuubede» nennt man das Ganze. Und es gilt als chic, irgendwann während der 72 Stunden eine Clique bewirten zu können.
Tatsächlich gibt's Fasnächtler und Ziigli, die von einer Stuubede zur andern jagen. Besonders beliebt sind die «Yyladige» vor dem Laternenabholen, aber auch am Fasnachtszyschtig, wenn die Baize übervoll sind. Und die Trommler und Pfeifer froh sind, wenn sie mal irgendwo privat eine halbe Stunde gemütlich zusammen abhökkeln können. Und verwöhnt werden.
Yyglade werden an einer Fasnacht oft auch die Jungen vom Stammverein. Irgend einer im Stamm oder in der Alten Garde lässt für die Binggis immer wieder mal ein Zvieri, ein Zmorge oder ein Dessert springen.
Auch ist es Tradition, dass der Tambourmajor an einem Halt seine Clique zu einer Runde Weisswein yylaadet.
Und «yyglade» wird dann jeweils am Montag und Mittwoch von den Wäägelern, wenn sie ihre Karren mit Tonnen von Räppli, Orangen, Dääfeli und Blumen füllen ...
Yyglade – wird ferner der Laternenmaler zu einem Nachtessen, wenn er sein Prachtswerk vollendet hat und den Obolus der Clique samt Piccolo-Ständeli entgegennehmen darf.
Und yyglade werden nicht nur die Monstre-Rahmenspieler vom Comité (sie spielen schliesslich alle ohne Lohn und aus Spass an der Freude) zum «Rahmespiiler-Oobe», yyglade werden auch alle Helfer, die den Ändstraich mit seinen prächtigen Laternen-Décors in Fronarbeit auf die Beine stellen. Hier bittet man jeweils zu einer fröhlichen Apéro-Stunde ins Le Plaza ...

Yyne goo? – Das ist immer wieder die Frage bei einem Baizehalt der Cliquen. Geht man rein? Oder schaut man sich draussen ein bisschen von der Strassenfasnacht an?
Während die einen «yyne wäädele», machen ein paar «Aagfrässeni» ein Umgänglein. Oder kritisieren draussen die andern Züge, die an ihnen vorbeiziehen («Also so guet wie mir pfyffe die nit ...» ... «Jesses dien die Drummler schleppe ...» ... «Das sin doch kaini Gosdyym!»).

Ydritt – bezahlen Masken an Fasnachtsbällen keinen. Ydrittsbillette fürs Drummeli, vor allem aber fürs Mimösli und Charivari, werden jedoch mit Gold aufgewogen. Alle diese Vorfasnachtsanlässe sind schon lange vor der Premiere ausverkauft.

Y *wie* Yystoo

Yystoo gibt es nicht nur bei den grossen Cliquen, sondern auch bei den kleinen Schyssdräggziigli und den Buebeziigli. Manchmal dauert es jedoch bei den kleinen Formationen länger, bis alle richtig eingestanden sind, als bei den Grossen, weil man hier noch auf jede Massge Rücksicht nimmt und wartet, bis jede Larve richtig sitzt. Bei den grossen Cliquen gibt der Tambourmajor den Ton an, und es ist erstaunlich, wie schnell so viele aktive Fasnächtler mitsamt Laterne, Vortrab und Requisit in Formation abmarschieren.

Z wie Zuschauer

Zuschauer – sind Geniesser, die am Strassenrand stehen. Mit leisem Lächeln den Familienziigli und Cliquen nachschauen. Oder bis früh in den Morgen hinter den Schyssdräggziigli und Cliquen auf Wolken durch die engen Gassen mitschwanken und so ganz neue Basler Ecken kennenlernen. Zuschauer waren auch aktive Fasnächtler am Dienstag, denn noch in den 50er Jahren war am Zyschtig Pause. Stille. Einfach nichts. Ein ganz «normaler» Tag mitten im 72-Stunden-Chaos. Die Läden, die heute noch an einem Zyschtig zu den gewöhnlichen Geschäftszeiten ihre Tore offen haben, die meisten Büros, die an einem Zyschtig «Normalbetrieb» aufrechterhalten, und auch die Trämli, die mittags ganz nach Fahrplan verkehren (abends kommt man als Zuschauer beim Guggekonzäärt dann allerdings kaum einen Meter weit, geschweige denn als Tram!) – dies alles erinnert noch an die Zeit, als der Zyschtig ein gewöhnlicher Dienstag war.

Zyschtig – der Gutzidaag. Die Stunde der Götter. Weihnachten für Fasnächtler! In den 60er Jahren hat sich dann der Zyschtig zur Kür der Fasnächtler entwickelt – insbesondere für Stammvereins-Trommler und -Pfeifer, die während der zwei normalen Fasnachtstage ans Cliquenprogramm gebunden sind.
Jetzt treffen sich die Primadonnen zu kleinen Grüppli («Endlich dürfen wir alle diese Märsche pfeifen, die der Stammverein ja doch nicht drauf hat …»), Trommler hündeln und jagen mit Tempo 110 durch die Gassen – und der Vater hat endlich Zeit, zusammen mit seiner Angetrauten eine Runde zu drehen. Denn Zyschtig: das bedeutet auch Familientag unter den Fasnächtlern.
Zyschtig ist also die Kür – für den Zyschtig denkt man Monate vorher schon Hunderte von Gags aus, kreiert Zyschtigsladäärnli, Zyschtigsgosdyym und Zyschtigszeedel. Ja, Zyschtig wird zur Alternativ-Fasnacht in der Fasnacht.

Ziibelewaaie – neben der Kääswaaie der traditionellste Moorgestraichgenuss. Tatsächlich gibt's nichts Herrlicheres, als am Sonntag vor dem Moorgestraich durch die Stadt zu spazieren. Schon morgens wehen da Wolken von «dämpfte Ziibele» aus den Baizenküchen. Und heizen die Vorfreude auf den Moorgestraich-Genuss an …

Zeedel – das sind die bunten, länglichen Papierstreifen, die von den Voordrääblern an die Zuschauer am Strassenrand verteilt werden. Offiziell zählt man an einer Fasnacht über 500 verschiedene Fasnachtszeedel, die übrigens immer in der Woche vor dem Moorgestraich von den Waisenkindern «gebündelt» und vom Comité als «Zeedelpack» an der Fasnacht verkauft werden.
Ein halbes Tausend Zeedel bedeutet auch: ein halbes Tausend alte Fasnachtspoesie. Der Zeedel bringt uns nämlich alle diese Gedanken und Ideen, die das Cliquensujet ausmachen. Sie wurden vom Zeedeldichter und Cliquenpoeten in Väärsliform niedergeschrieben – oft sind's grossartige pointierte Kostbarkeiten. Und es lohnt sich, sich nach der Fasnacht all die ergatterten Zeedel zu Gemüte zu führen. Viele Bebbi bewahren deshalb die Fasnachtszeedel das ganze Jahr hindurch auf dem bewussten Örtchen auf – damit sie bei ihren Sitzungen immer wieder eine Pointe geniessen können …

Ziigli – kleine Cliquenformationen nennt man «Ziigli», eine grosse Clique wird zum «Zug».

Ziiri – ist natürlich immer wieder ein Thema an der Fasnacht, obwohl die Ziiri-Väärs heute bei Schnitzelbängglern und Fasnächtlern etwas verpönt sind. Wenn dann allerdings wieder der Böög am «Basler Daag» den Lätsch macht, blühen d Ziiriväärs – Toleranz hin oder her – erneut gross auf …

Zofinger-Conzärtli – seit über 100 Jahren bitten die Zofinger-Fagunzen zwei Wochen vor der Fasnacht zu ihrem traditionellen «Conzärtli» (vornehmer: Kunzäärtli). Es umfasst nicht nur einen musikalischen Teil und ein ironisches «Stiggli» aus Studentenfeder – man verkauft hier in der Pause auch die berühmten Sunntigspastetli.

Z wie Zuschauer

Die Fasnacht lebt nicht nur von Aktiven allein. Wichtiger Bestandteil der Basler Fasnacht sind die Zuschauer. Man rechnete schon in den sechziger Jahren zwischen Banken- und Claraplatz mit weit über 100 000. Cortègeatmosphäre im Kleinbasel, grosses Gedränge kurz vor dem Vieruhrschlag 1992 an der Schifflände und 1994 auf dem Marktplatz vor der giftigen Laterne des CCB mit dem Sujet: «S paracelselet». Den grössten Publikumsandrang erlebte die Stadt an der ersten Nachkriegsfasnacht 1946, als alle aktiven und passiven Fasnächtler auf den Beinen waren und sich rund 30 000 Personen am Moorgestraich auf dem Marktplatz und in den anliegenden Gassen einfanden. Seit jedoch in Basel während der Fasnacht auch die Winter-Schulferien stattfinden, fehlen viele tausend Basler am Strassenrand. Bischof Heinrich von Thun, Zuschauer oben am Käppelijoch, freut sich jedoch über die Abwechslung während der «drei scheenste Dääg im Joor».

Hindedraa

Die Basler Fasnacht wandelt sich. Hat sich immer gewandelt. Wird sich immer wandeln. – Tradition?
Gut. «Die Alten Schweizer Märsche» lassen historische Töne anklingen ... Kriegstrommeln ... Schlacht-Tamtam ... Reisläufer-Melodien. Sie erinnern an die Zeit, als die Schweizer Söldner im Dienste fremder Herrscher in den Kampf zogen.
Aber Vieruhrschlag ... Laternenpracht ... Waggiskopf?
Alles kaum 100 Jahre alt! Denn Fasnacht ist nicht wie der Vogel Gryff, der uns Jahr für Jahr im Gleichschritt den Frühling wiederbringt. Vogel Gryff – das sind althergebrachte Schritte, an denen seit Generationen kein Takt geändert wird. Aber Fasnacht – das ist ein Zeitspiegel. Und das Heute sieht anders aus als das Morgen. Eben deshalb wird sich Fasnacht immer wandeln, wird uns stets ihre Zeit widerspiegeln – und somit wird sie zu einem Stück Geschichte. Zum aktuellen Bilderbuch – zum bunten Jahresrückblick. Denn wer die Fasnacht der letzten Jahrzehnte verfolgt, kann immer die Geschichte unserer Stadt daraus erkennen ...
In den üppigen 60er, 70er und Anfang der 80er Jahre ist Fasnacht prächtiger, «richer», protziger geworden. Auch hier hat sie den Zeitgeist widergespiegelt. Die Cliquenzüge wurden samtener, die Waggisnasen gigantischer, die Kostüme eleganter. Mehr: die Fasnacht, die sich von den Maskenbällen auf die Strasse verlagert hatte, wurde plötzlich «in». Und war nicht nur für «Plebs» und Männerzüge da. Emanzipation fand nun auch im Cliquenwesen statt – die Frauen hielten Einzug in die Fasnachtstage, eroberten die Männer-Bastillen. Und wurden auch hier zum Spiegelbild der Zeit ...
Vornehme Bebbi, die einst über Strassenfasnächtler die Nasen rümpften («Das ist für das Volk, damit es die Sau rauslassen kann ...»), fanden es pötzlich «chic», sich am Moorgestraich im Gosdyym zu zeigen. Und was früher als absolute Drohung galt («Wenn Du weiter solchen Mist baust, kommst Du an der Fasnacht ...»), wurde nun zum gesellschaftlichen «must»: man tat, tut alles, um auf einer Laterne durch die Stadt getragen zu werden. Fasnacht verlor ihre Zähne, ihren Biss – sie wurde zur Flatterie, zur Selbstbeweihräucherung. Die Cliquen begannen sich selber zu feiern – das Ventil, das eigentlich dem Zorn und der Wut der Bürger Luft machen sollte, verkümmerte. Und wurde verstopft.
Es ist typisch, dass mit der Rezession auch der Biss wieder zurückkehrte. Und Fasnacht politischer wurde. Die allerbösesten, bissigsten und pointiertesten Zeedel wurden in den letzten fünf Jahren geschrieben – was sagen die Kabarettisten: «Ein gesättigtes Volk bringt ein schlechtes Programm.»
Man könnte es auf die Fasnacht umwandeln: Sorgen und Probleme unserer Stadt, unserer Welt, unseres Lebens lassen die Fasnachtsmomente funkelnder werden. Und geben dem Witz die bittere Ironie, die Fasnacht zu etwas Einmaligem macht: zu dem Moment, wo man aufschreien und anprangern kann.
Den grössten Wandel hat die Basler Fasnacht während der letzten zwanzig Jahre jedoch auf ihrem musikalischen Gebiet erlebt. Man kann heute fast schon von einer «musikalischen» Fasnacht sprechen. Die Revolution hat vor bald 20 Jahren

mit dem Charivari begonnen. Der Kleinbasler Vorfasnachts-Anlass öffnete in seinen «Musik-Nummern» das Korsett. Zeigte, dass Trommeln und Piccolos nicht einfach Fasnachts-Instrumente für einen sauberen «Gluggsi» sind. Sondern dass man die Basler Töne in die Musik integrieren kann – so zwitscherten die Schreihölzer plötzlich Vivaldi und Bach, während die Trommeln zu virtuosen Schlagzeug-Soli ansetzten. Und die Schlegel nun wie Popcorn durch die Luft flogen.

Noch nie sind so viele neue Märsche komponiert und transponiert worden wie in den letzten 20 Jahren – Trommeln und Pfeifen wurden plötzlich auch «musikwissenschaftlich» betrieben. Die Cliquen leisteten sich musikalisch fundiert ausgebildete Instruktoren. Das brachte es mit sich, dass sich das Trommel- und Pfeifer-Niveau in den Stammvereinen steigerte und steigerte und steigerte. Parallel dazu explodierte das Repertoire. Allerdings explodierten auch einige frustrierte Fasnächtler: «Also ich komme da zum Plausch in die Clique – und nicht zum Pfeifer-Training ...» Viele haben da bei den neuen Fingerbrechern und Tempo 110 nicht Schritt halten können. Sie sind in die alte Garde oder in ein Schyssdräggziigli geflüchtet. Entsprechend unterscheidet man heute auch zwischen den Fasnächtlern, für welche die drei Tage ein «Musik-Festival» bedeuten. Und zwischen Fasnächtlern, die an ihren Hambachern herumnagen. Aber dabei ebenso glücklich durch die Gassen ziehen.

Diese neue Entwicklung erfordert etwas, was die Fasnacht der letzten zehn Jahre entscheidend geprägt hat: Toleranz. Grosszügigkeit. Das «Miteinandergehen».

Jeder muss und soll auf seine eigene Fasnachts-Art selig werden. Das ist aber nur möglich, wenn wir alle einander respektieren – die Guggemuusiger das kleine Schyssdräggziigli, der Stammverein den Waggiswagen. Eben *weil* Fasnacht keine starren Formen und keine althergebrachte Tradition hat, sondern weil sie immer ein Stück unserer Zeit sein wird und den Alltag im skurril-überdrehten Gesicht widerspiegelt, ist es wichtig, hier die Toleranz gegenüber dem andern (und Anders-Fasnacht-Denkenden ...) an erste Stelle zu setzen.

Eine Toleranz, die dann auch auf unsern Alltag und unsere Stadt übergeht. Eine Toleranz, die Basel und die Basler prägt – und auf die wir stolz sein können, wie auf unsere Fasnacht ...

Fasnachtszyt

«75 Joor am Stägge» 25.–27. Februar 1985
Trockene, milde Fasnacht. Insgesamt 459 Cliquen, Musiken, Wagen und Gruppen. Erstmals wieder ein Keeruus, «Ändstraich», im Kongresszentrum der Messe Basel.

«Gstafflet vorwärts marsch!» 17.–19. Februar 1986
Schneefasnacht mit 20 cm Neuschnee am Mittwoch. Auf der Mittleren Brücke und am Spalenberg tauchten kostümierte Skifahrer auf. Gestaffelter Abmarsch.

«Drei Daag abgrisse» 9.–11. März 1987
Bitterkalter Morgenstreich. Durch Chemiebrand Sandoz geprägte Fasnacht. Sonnige Nachmittage um null Grad. Laternenausstellung erstmals auf dem Münsterplatz.

«Unseri Wundergugge» 22.–24. Februar 1988
Eine Fasnacht mit Sonne und Schnee. Mittwoch 3 cm Neuschnee. Ella Rehberg, personifizierte Frau Fasnacht, wurde Ehrenmitglied des Comités.

«Drei Daag zittere» 13.–15. Februar 1989
Gemeint ist die zittrige Wettsteinbrücke. Wettermässig die angenehmste Fasnacht (laut Pilatus, Wetterprophet von Basel) seit 76 Jahren. Erstmals Open-air-Bühne am Barfi für Schnitzelbänggler. Neuer Comité-Obmaa ist Ruedi Meyer.

«Lampe statt Lämpe» 5.–7. März 1990
Sternenhimmel und Frühlingstemperatur läuteten eine der sommerlichsten Fasnachten ein. Über 100 000 Zuschauer am Moorgestraich.

«700 Joor yyschtoo» 18.–20. Februar 1991
Trotz der kriegerischen Ereignisse am Persischen Golf spricht sich der Regierungsrat für die Fasnacht 1991 aus. Morgenstreich bei minus zwei Grad, Nachmittage schön, Cortège mit erstmals parallel verlaufenden Routen.

«Numme Schutt und Gröll» 9.–11. März 1992
Frühlingshaftes Wetter. Im Kontermarsch defilieren montags rund 12 000 Aktive vor dem Comité. Mittwochnachmittag kein Routenzwang. Letzte Drummeli-Vorstellungen im Kiechli.

«s Theater goot wyter» 1.–3. März 1993
Nach 59 Jahren eine Fasnachtsplakette von einer Frau, Mimi Pierig. S Drummeli in der Messe Basel. Kalte, trockene Fasnacht. Schnee am Cortège-freien Mittwoch.

«Que Serra ...» 21.–23. Februar 1994
Wegen des Neubaus der Wettsteinbrücke Trennung der Cliquen, Wagen und Guggen auf zwei vorgeschriebenen Routen. Wetter alle drei Tage mässig.